首席组织官

从团队到组织的蜕变

房晟陶 左谦 樊莉 ◎ 著

COOSTRATEGY

机械工业出版社

China Machine Press

图书在版编目（CIP）数据

首席组织官：从团队到组织的蜕变 / 房晟陶，左谦，樊莉著 . —北京：机械工业出版社，2020.6（2023.11重印）

ISBN 978-7-111-65636-4

I. 首… II. ①房… ②左… ③樊… III. 企业管理 – 组织管理学 IV. F272.9

中国版本图书馆CIP数据核字（2020）第082996号

　　个人充分发展、能产生知识进步和技术创新、不作恶，是本书提出的美好组织的三个标准。本书从首席组织管、建立组织、"真高管"、文化塑造、人力资源管理等角度，探讨了组织、美好组织、如何建立美好组织这些议题，帮助企业完成从团队到组织的蜕变。本书可作为企业家和人力资源管理者开展日常组织管理工作的参考书。

首席组织官：从团队到组织的蜕变

出版发行：机械工业出版社（北京市西城区百万庄大街22号　邮政编码：100037）			
责任编辑：刘新艳		责任校对：殷　虹	
印　　刷：涿州市京南印刷厂		版　　次：2023年11月第1版第11次印刷	
开　　本：170mm×230mm　1/16		印　　张：13.75	
书　　号：ISBN 978-7-111-65636-4		定　　价：69.00元	

客服电话：（010）88361066　68326294

版权所有•侵权必究
封底无防伪标均为盗版

前言
PREFACE

没有系统能力和法治精神就不会有真正的组织

没有系统能力和法治精神,很多老板自诩的组织迟早会沦为利益团伙并不断上演宫斗剧,不管其对内和对外宣传的使命、愿景、价值观多么合理与高尚。

一个组织就是为达成共同目标,由有交互关系及依赖关系的部件所构成的整体。组织本身就是一个人为的社会系统。既是一个系统就不能用简单的线性逻辑去管理。

组织作为一个系统的重要特征之一就是它"不听话"。我们会发现,人可以被要求、被训练去听老板的话,但组织很少听老板的话,而且,规模越大越不听话。甚至,老板越把人训练得听话,组织本身就越不听话。

系统的关键词是"功能""部件""关系/连接",其中比较容易被忽略的是"功能"和"关系/连接"。你可以有各司其职的部门及岗位设置,但是这些部门及岗位加在一起远远不能实现你想要的"功能"。要想实现"功能",还需要通过流程、机制、价值观等这些"关系"或"连接"把部门、岗位联系起来成为一个整体。没有这些"关系"及"连接",组织的各个部件之间经常是相互抵消的,组织作为一个整体"不听话"就是当然的结果了。

什么是系统能力?我指的就是建立系统的能力,不是建立部件的能力,也不是操作部件的能力。建立部件和操作部件,在大部分情况下,个体有点拼命硬干的劲头就行了,而建立系统,需要的是更高层次的系统思考及解决问题的能力。没有系统能力的企业,在解决一个问题的时候就会创造一大堆潜在的其他问题。久而久之,按下葫芦浮起瓢,疲于解决各种例外问题,直到整个组织完美地相互锁死。在这种情况下,改变只能等待外部冲击或内部危机爆发。没有系统能力的个人,难以成为真正的将才;如果登上帅位,那一定会为害一方。

系统是可以规划设计的,还是只能听天由命偶然进化出来?应该说,相对于国家及社会,企业还是一种相对简单、责任有限的组织。对于这种组织,人为规划设计的可能性是非常大的。如果无法建立有功能的系统,可以说是组织领导层能力方面有问题。这里,请不要把系统能力仅仅理解为一种流程化的、把事情想得周全的能力。对所从事的业务没有深度的理解,是难以建立有竞争力的系统的。比如,对于组织这件事,没有对组织的深度理解,就很难建立高效的组织系统。

建立组织,除了系统能力外,还需要不同风格的领导力。我把它称为基于法治精神的领导力。

对中国企业来说,建立组织的致命障碍是缺乏法治精神。企业的核心领导人尤其要具备法治精神。什么是法治精神?我难以正面去定义它,但我可以从它的反面及周边去界定它。法治就是人治的对立面;法治与法制有着根本不同;法治不是礼治;法治意味着透明,也意味着对领导层权力的制约;法治还意味着尊重且不伤害他人的权利等。

为什么"法治"这个看似政治的概念适用于偏私人的企业领域呢?那是因为,真正的"组织"从本质上说就是一种共同的想象和共同的信任,而不是一个非常具象和物质的东西。当然,如果你只把组织当作一帮人加上组织结构，你也可以说组织很具象。但那还不是一个组织，而是一个团伙，顶多是个团队。

系统能力加上法治精神，是我观察到的企业能否从团伙蜕变为组织的两个关键点。

两者之中，系统能力是刚需。当然，很多创业者在创业初期不会这么认为。没关系，等企业壮大一点再体会。法治精神，在目前的市场环境下，确实还不是刚需。不过，广大人民群众都希望它在不久的将来变成标配和刚需。

除了这两者之外，还有没有其他非常重要的能力要求呢？有。比如，"变革艺术"就是另外一个挑战。绝大部分组织领导者的挑战都不在于从零开始建立一个组织，而是变革一个组织。

系统能力＋法治精神＋变革艺术，建立组织的三大招就聚齐了。这三大招中的每一招都非常有挑战性。

如何应对这个挑战？我在这方面的能力不够怎么办？我在组织方面没有天赋怎么办？

组织领导者的能力确实有高有低，需要不断学习，但是，在"天赋"这件事情上，每个组织领导者都有"组织天赋"。

请允许我用闻一多先生经常讲的一句话来与读者共勉："诗人主要的天赋是爱，爱他的祖国，爱他的人民。"

尽管本书的大部分内容都是在理念、方法、能力上论述"如何建立组织"，但是，其更重要的目的还是在于唤醒和激发每个组织领导者的"天赋"。

诚挚希望本书的内容能够给你带来启发并激发你的潜力。

房晟陶

目录
• CONTENTS •

前 言

第1章　组织与美好组织 /1

　　对美好组织的向往　/2
　　什么是组织？组织的"开门七件事"　/11
　　什么是组织？组织绩效 V 模型　/16

第2章　组织创业及创作：首席组织官及系统负责人 /30

　　什么是"首席组织官及系统负责人"？为什么是"组织创业及创作"　/31
　　组织系统：用"系统之眼"看组织　/40
　　系统负责人方法论　/48
　　用制度规避"群性"的弱点，方可得组织之美　/53
　　投资及创作你的"抓手级"组织系统　/58
　　"化系统为产品"及创新型组织形态　/61

第3章　建立组织的手法及策略 /65

　　建组织要先 to B 再 to C，先"公正"再"仁爱"　/66
　　专业多一分，组织里的"宫斗政治"就会少半分　/70

野蛮成长不是忽视组织建设的充分理由 / 75
内功不可乱练，困难期是更新组织策略的机会期 / 79
组织方法论的层次 / 83
组织类工作的闭环 / 91
组织发展中一个常见的"恶性循环"，你的公司有吗 / 96
运营系统的建立经常是从团伙到组织的第一步飞跃 / 103
建组织不能"干大事而惜身，见小利而忘命" / 108

第 4 章　"真高管"与组织　/ 111

从团伙到组织的关键是能否有五六个"真高管" / 112
这届中年人能否找到"从心所欲不逾矩"的自由 / 116
高管发展的难点在于"心"与"灵" / 120
你的"高管花园"里有没有"园丁" / 123
外聘高管成活率低，这个问题的命门是什么 / 126
要产生德才兼备的将才，必须既要、也要、还要 / 131

第 5 章　文化塑造与组织　/ 135

如何塑造文化？绝大部分公司都忽视了"中三路" / 136
文化就是"标准"，你同意吗 / 145
对"龙湖的主流'社会价值观'"一文的回顾 / 152
有真故事的组织才能凝聚高量级的人才 / 173
你的公司有没有打动心灵的组织愿景 / 176

第 6 章　人力资源管理与组织　/ 180

HR 必须懂业务吗？这件事得有三个前提 / 181
人力资源部要不要改名？切忌换汤不换药 / 185
人才最重要？注意不要被误导 / 197
没有组织思想和组织方法论，业务高管来管 HR 也会"命运多舛" / 201

后记　/ 209

第1章
· CHAPTER1 ·

组织与美好组织

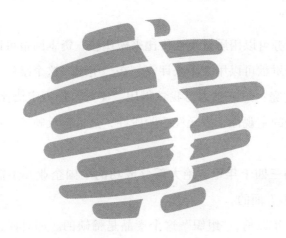

对美好组织的向往

每个企业都很不同。不过，不管企业多么不同，在为客户提供产品及服务、为股东获取资本回报、履行企业社会责任的过程中，它们都不可避免地要为其成员提供一个相同的产品："组织"。在"组织"这个维度上，每个企业的用户都是相同的：其员工及利益相关方（如员工的亲属）。每个"组织"都要面临这些员工及利益相关方的评价。"组织"比较好，员工就更多地贡献力量，服务的时间更长。反之，他们就可能出工不出力或者"用脚投票"。

产品和服务可以用质量及性价比来做比较，资本回报可以用高低来衡量，社会责任贡献可以用大小来评议。在"组织"这个维度上，用什么样的定语来描述呢？想来想去，我觉得用**"美好"**作为定语比较合适。"美好"具有很强的主观性、多元性、阶段性，这恰恰反映了"组织"这个产品的特点。

在此前的三四十年里，绝大部分成功的中国企业并不需要"美好组织"，原因是多方面的。

在二三十年以前，"组织"这个产品是稀缺的。那时候，如果企业能做到按时发工资，绝大部分员工就满意了，哪里还敢要求其他的。在最近这20年（2000～2019年），企业如果能够为客户提供70分左右的产品及服务，加上偌大的一个中国市场，就可以野蛮生长很多年，而要提供70分左右的产品及服务，企业也真不必费力去建立一个"组织"。有个不错的"团伙"就可以在资本市场上获得超高的估值。

有些企业，冒着被"劣币"驱逐的风险，致力于为客户提供优质的产品和服务。这样的企业确实需要"组织"。不过，这部分企业中的绝大部分都不涉及真正的技术创新，所以对"美好组织"的需要也不够强烈。

在过去十多年里，新经济本有更多的可能建立"美好组织"，但其中大部分企业仰仗资本的加持，在一个超级市场里，很大程度上也规避了对于"美好组织"的投资。此外，最近几年，很多新经济企业越来越向资源型、营销型、资本型靠拢，逐渐沦为"庸脂俗粉"。

所以，我们可以说，在过去的三四十年里虽然产生了很多"成功企业"，但并没有产生太多"美好组织"。

下一个时代，企业为什么需要创作"美好组织"

在可见的未来，市场红利仍然会持续相当长时间。大量的资源型、营销型、资本型企业会因此继续活得不错，"成功"而不"美好"的组织也将继续大量存在。

但是，中国到了这个发展阶段，无论是企业方还是员工方，对"美好组织"的需求都将发生重要转变。促成"美好组织"这个需求转变的原因包括人口红利衰减、国际政治及经济竞争要素发生变化、"00后"即将进入职场、低消费者/低环境权益不再、中国企业更加国际化，等等。

从企业方来讲，没有"美好组织"，就难以实现竞争力的转型升级。从员工方来讲，"对美好组织的向往"就是"对美好生活的向往"的重要组成部分。对社会来说，"成功且美好"将逐渐成为新的审美。换句话说，随着时代的发展，"美好组织"从过去的"奢侈品"已经逐渐成为建立长期竞争力的"必需品"。意识不到这些变化的企业，以及虽然意识到了但无法实现转变的企业将逐渐陷入被动。能意识到这个趋势，并能顺势而为的企业将有机会后来居上。

规模大、发钱多、发展快、估值高，这些要素能有当然好，但这些都是"成功企业"的标配,而不是"美好组织"的标配。下一个时代,"美好组织"会有什么新的标准呢?

我认为,下一个时代"美好组织"的标准有三条:第一条是个人充分发展;第二条是能产生知识进步和技术创新;第三条是不作恶。能做到第一条加第三条,就算是"美好组织"。如果再做到第二条,就是"美好组织"中的佼佼者。第三条是个负面清单。我们虽然不能要求经济企业承担促进社会价值观进步的责任,但可以要求它们不要促使社会退步。

个人充分发展

知识进步和技术创新

不作恶

如何创作下一个时代的"美好组织"

要创作这样的"美好组织",仅仅用"组织管理技巧"是不够的。在"组织管理技巧"之前必须要有"组织治理"的价值观。我观察到的现象是,在软性方面阻碍企业家建立"美好组织"的不是他们的管理技巧,而是底层的原则和价值观。

在创作"美好组织"方面有没有一些可以相对长期把握的原则和价值观呢?我觉得可能有,毕竟组织的主要客户就是人,而且根据历史经验,人性也没有那么多变化。下面,我就来试着抛出几块"砖"。

第一个原则：自愿

第一个原则是**自愿**，即尊重对方意愿，非强迫、非操纵、非误导。所有强迫、操纵、误导都会被反弹、被报复。这不仅针对员工，外部客户也一样。对于外部客户，因为与经济利益直接相关，这个原则容易被衡量，违反时容易被曝光。但用于"组织"这个产品，这个原则很容易被暗中打折扣。

自愿这个原则与"个人充分发展"之间的关系显而易见。但是，很多人没有意识到这个原则更重要的作用是促进知识进步及技术创新。

自愿是产生知识进步及技术创新的基础和前提。有自愿才能有真正的主动性，这样才能可持续地产生新知识。你可以逼迫人进行体力劳动，但很难逼迫人实现知识进步及技术创新。从自愿到知识到进步，这个逻辑是要尊重个人自愿的根本原因。

民营企业，本来就是一群人"自愿"联合起来的、以实现盈利为目的的组织。这种自愿联合不仅适用于出资人之间，也适用于出资人与员工之间。尤其是偏知识经济型的企业，即使员工不占股份，但如果不尊重自愿这个原则，也不可能有竞争力。

自愿原则应用于企业管理时，可以有很多应用场景。比如，"996"作为一个现象在创业公司中普遍存在，但员工自愿的"996"和公司出勤政策明确要求员工"996"是两件性质完全不同的事情。再举个例子，在员工调动中，事前征求被调动员工的意见是个原则问题。组织可以动之以情、晓之以理、诱之以利，但最后必须由员工自己明确表达是否同意。

第二个原则：不伤害

"自愿"有没有边界？这就涉及**第二个原则：不伤害**。

中国文化传统里典型的领导风格是"父权式"的。简单地说，就是可以以"为你好"为名剥夺员工的"自愿"。一些父母在教育孩子的时候，也是秉承这样的原则。走到极端,这个"父权式"的领导风格就是"让你干什么你就干什么"。这种领导风格对于非知识进步及技术创新型的企业,在低竞争的市场环境下是可以混得过去的,而且,因为我们在这方面的文化积淀非常深厚,这种领导风格在组织内的学习及使用成本都比较低,秉承这种原则的组织在一定阶段内看起来反而更有效率。

但如果想要实现个人充分发展加上知识进步及技术创新,就得有所转变。在实现这个转变的过程中,因为压抑得太久了,很容易走偏到"我想干什么就干什么"或者"你让我干什么我偏不干什么"。这就像奴隶容易把"什么活都不干"定义为自由一样。所以,我们还得对"自愿"进行一定的制衡。

与"为你好"相对应,可以使用的一个原则就是"不伤害"。什么叫作"不伤害"呢?在《论自由》这本书中,约翰·穆勒认为,公权力只有在阻止个人对其他人造成伤害时(prevent harm to others),才可以出手干涉个人的行动自由。这个原则就叫"不伤害"。"不伤害"是个政治理念,不完全适用于企业。不过,在创作"美好组织"的时候,"不伤害"原则是可以作为参考的。这个"不伤害"可以用于指导公司如何对待员工、员工如何对待其他员工、员工如何对待公司、员工如何对待外部客户等各个方面。这样一来,这个"不伤害"原则就对"自愿"进行了一定限制,也就是说,"自愿"的边界就是"不伤害"。

第三个原则:员工权利

"不伤害"的宾语是什么呢?这就引出**第三个原则:员工权利**。

尊重利益相关方的权利是"不作恶"的重要内涵。这里说的权利,既包括内部员工的权利,也包括外部客户及合作方的权利。我这里重点讲不伤害员工的权利。

员工的权利不仅包括工作时间等相对表面的可以放在劳动合同里的权

利，还更多地涉及深层次的权利。比如，员工有没有选择不发展的权利？员工有没有不认同公司主流价值观的权利（当然是在不触及公司红线的前提下）？员工可不可以有对企业没什么用处的个性？公司可以考核员工的"价值观"吗？公司强大的目标要置于个人自愿之上吗？

这些问题都涉及公司权利与员工权利的边界问题。严复在翻译约翰·穆勒的《论自由》时，把书名翻译成《群己权界论》，即"论群体与个人之间的权利界限"。我觉得这个书名虽然没有像《论自由》那样直译英文原文"On Liberty"，但触及了每个中国人在这个问题上的核心困惑。可以说，对于任何一个想创作"美好组织"的企业来说，如何划这条"群己权界"就奠定了整个组织价值观的基础。

这里我还要强调一下，这里所说的员工不仅包括中基层员工，也包括高层员工，甚至包括老板。每个层次的员工都要有其相应的权利。管理者也必须有其权利。比如，在晋升和任用这件事情上，老板及高管必须有一定的自由裁量权。晋升和任用，尤其是中高层的晋升和任用，不可能完全脱离主观，也不可能用数学公式决策。如果中基层员工要求老板及高管这样来做晋升及任用决策，那也是在侵犯他们的权利，导致他们无法履行他们的职责。

这个"员工权利"的问题，在企业走向国际化的时候会变成一个基本要求。如果一个企业试图用"高大上"的使命、愿景、价值观来说服员工这是"为你好"，从而让员工自愿放弃一些权利的话，这个逻辑将让企业付出沉重的代价。这种逻辑，即使不走出国门，对很多"00后"的员工也将越来越无效，他们的想法可能是：你能做到"不伤害"我的权利就够了，"对我好"不是你的责任，你甚至都无法替我判断什么是"对我好"。

第四个原则：透明

在自愿、不伤害、员工权利这三个原则之后，会有一个帮助、监督这三个原则实现的**第四个原则：透明**。透明的近义词是"公正"及"法治"，透明的反面是"酱缸"及"人治"。不过，企业不是公权力部门，用"公正"和"法治"这两个词有点大，但这并不妨碍企业参考"公正"和"法治"的一些原则。

什么是组织的透明？对于员工来说，关键是用人导向及标准的透明、人事决策流程的透明、组织设计意图的透明、价值观行为要求的透明等。不透明的组织中什么能力最关键？揣摩能力。不透明的组织就是在提倡丛林法则。丛林法则是基于蛮力的弱肉强食和原始竞争，与个人充分发展加上知识进步及技术创新所需要的氛围是格格不入的。

这里注意，各种组织政策的公开仅仅是透明的一小部分。关键是政策是如何制定及如何执行的。组织需要的是法治而不是法制。建立法治的基础是"法治民风"。没有"法治民风"基础的公司制度会逐渐演变为管理上的奇技淫巧，使员工逐渐失去对组织的信任。这个"法治民风"从哪儿来？对于企业这样一个不大的组织来说，完全可能从创始人及核心高管的率先垂范而来。

透明对谁有利？很多人觉得透明主要是对中基层员工有利。确实，中基层是首先的、直接的受益者。但是，透明不仅可以保护中基层员工，也可以保护高层管理者。举个例子，在标准不透明的时候，管理者会遭遇员工的舆论暴力。在不透明的组织里，在这种时候，老板就不得不权衡得失、顺应民意，以利弊的权衡代替事情的正确与谬误。可以说，只有透明，高层管理者才可能有安全感。高层管理者没有安全感，中基层员工的安全感和希望感都是暂时的。可以说，对于组织的所有成员而言，透明就是服务，透明就是赋能，透明就是赋权。

通过不透明，老板当然可以得到左右其手、任意行事的"自由"。但是，老板毕竟不像过去的皇帝一样是唯一的雇主且握有生杀大权，高层成员绝对不会任人摆布、坐以待毙。能留下来的人，都是有一些手段可以反制老板的，而且，上行下效，这些高管也要享受像老板那样"肆意妄为"的权力。于是老板和高管形成了一个"完美"的团伙，把这个组织弄成一个大"酱缸"。大家表面上其乐融融，背地里各怀鬼胎。至于组织的一般成员，能忍得了就混着，忍不了则赚一把就走，觉得受到不公正对待的还可以挖完坑再走。

在这种文化环境下，谈论个人充分发展、知识进步、技术创新有点不合时宜吧？搞点资本运作、收购兼并还算"气质"匹配。这就是利益团伙，而不是组织。

透明对老板有没有利？粗放式发展的时候，不需要提供优质的产品和服务的时候，有大量的人口红利、低消费者权益、低环境权益的时候，透明对老板真的没什么明显的利。不仅没什么利，还可能碍手碍脚，至少这会拿走老板"任意行事的畅快"。只有公司发展需要员工发挥创造力的时候，透明才显得有需要。当然，当老板意识到这种需要的时候，组织一般都已经积重难返了。

要实现前面这四个原则——自愿、不伤害、员工权利、透明，需要对整个组织多方面的能力提出不同的要求。首先，对组织成员沟通、协商、讨论能力的要求大大提高了。其次，对企业家、高层人员领导风格的要求变化了，典型的"父权式"领导风格将遭遇挑战。最后，对中基层人员的"被领导风格"也提出了一些不同的要求，那些等候领导给自己安排好发展路径的人将不再是优秀员工的标杆。另外，这四个原则与中国传统道德的修炼方法还是很不同的。这几个原则都偏"公德"，或者说公共精神，而中国传统的八德"孝悌忠信礼义廉耻"更偏适用于小范围的"私德"。

所以，可以想见，这些改变都不是轻而易举可以实现的。但是，如果企业的竞争力需要充分发展的个人加上知识进步及技术创新，这些改变似乎难以规避。当然，也不必把事情想得那么难。如果某个企业能率先实践这些原则，它也会更早、更多地享受"组织红利"。

第五个原则：生命力

前面谈到的四个原则，大家可能会觉得有点偏西方、偏政治、偏过程。为了平衡这四个原则可能的误导及"水土不服"，我得抛出第五个原则：生命力。提出"生命力"这个原则是为了制衡在使用前面四个过程性原则时过于偏激或过于强调政治正确而导致组织丧失生命力。所有原则都有一定灰度，不能极端、僵化、理论化。

比如，一提到组织，很多人就容易想到秩序，但秩序只是组织的一面，过于强调秩序必然会湮没生命力。生命力原则就是要实现混乱与秩序的平衡、矛盾与和谐的平衡、模糊与清晰的平衡。组织可以强调透明，但不能把组织变成温室，回避必要的良性竞争。

"生命力"这个原则不是偏过程的，而是偏结果的。它不是政治理论，逻辑性不强，略带相对主义及生存意志倾向。提出生命力原则也是在强调，企业组织作为人创造出来的产物，不能凌驾于人之上。虽然下一个时代"美好组织"的重要标准是充分发展的个人以及产生知识进步及技术创新，但这些标准本身也是阶段性的、局部的。生命力要比这两个标准更丰富一些。

最后总结一下。前面谈到的五个原则绝对不是什么管理技巧，而是有关组织治理的价值观。可以参考的原则肯定不止这五个，我的目的只是想通过抛砖引玉的方式来激发企业家的组织想象力。企业家如果在价值观层面没有自己的定见，而是寄希望于通过各种管理技巧去建立一个美好组织，那就是沙上建塔。

我希望，会有更多的企业家及高管，创作出更多的"美好组织"。

本节作者为房晟陶。

什么是组织？
组织的"开门七件事"

开门七件事，即"柴米油盐酱醋茶"，指的是老百姓维持日常生活的七种必需品。这七件事，从一个维度巧妙地回答了这样一个问题："什么是生活？"

"什么是生活"这种看似简单的问题其实非常难回答。我们每天都活着，一辈子活百八十年，但是我们还是很难回答好这个问题。好在有人发明了"柴米油盐酱醋茶"这种说法，让我们可以从某个角度一笔勾画出生活的真谛。

"什么是组织"这个问题也是一个看似简单但难以回答的问题。

如果你问我"什么是组织"，我可以给你一个这样的定义："**组织是为实现特定目的而人为创建的动态社会系统。**"

不难想象，**愉快的聊天马上变成了尬聊。**

为了把这天彻底聊"死"，我可以再补上一刀："系统是由相互作用、相互依赖的若干组成部分结合而成的具有特定功能的有机整体，而且这个有机整体又是它从属的更大系统的组成部分。"

这个"补刀"一般都会成功地结束这场谈话。

这种"专业而全面"的定义，除非是专业研究组织这件事的人，绝大部分人听了都不会有什么兴趣。

人们不感兴趣并不是因为这个定义本身不对，而是觉得它太枯燥，太费脑子，太影响生活质量。

我们需要找到一些更简单的方法来回答"什么是组织"这个问题。

组织有没有开门七件事？是否可以从这个角度去回答"什么是组织"这个问题。

我认为组织也可以总结出开门七件事：**人才、团队、文化、运营、系统、进化、变革**。这七件事，就相当于组织的"柴米油盐酱醋茶"。

这个说法，虽然还是有点费脑子，但是比起"组织是为实现特定目的而人为创建的动态社会系统"这种定义，已经可以说是非常通俗了，而且还没有牺牲太多的全面性和深刻性。

不过，这个组织"开门七件事"的说法还是不够简单，还是得做进一步的解释读者才能明白。

在人才、团队、文化、运营、系统、进化、变革这七件事中，人才、团队、文化这三件事大部分人一看就大致明白了，很多人会把这三件事放在人力资源部门的职责范围内。

但随着组织规模的增大、复杂性的提高，只修炼人才、团队、文化这三件事就远远不够了。运营、系统、进化、变革这四个词就得开始出现了。

没有后面这四件事的修炼，前面人才、团队、文化这三件事一般只能使组织达到 70 分的水平，根本达不到优秀。如果用力过猛，非要通过人才、团队、文化这三件事使组织达到优秀的话，往往是达不成目的的（打个比方，这就有点像只想靠财富、奋斗就达到人生幸福）。组织发展到一定阶段之后，如果你还只在前三件事上用力，边际效应是很低的，而且经常适得其反。

为什么要强调**运营**这件事呢？运营不是业务的事情吗？强调运营这件事是为了去除很多人对组织的一个误解：觉得组织就是把一帮人组织起来。其实，硬币的另一面是，组织是把"任务/事"组织起来。运营是什么？运营就是把事情合理有效地组织起来。可以说，运营就是组织的骨骼及肌肉系统。一般来说，就像骨骼和肌肉系统占了人体大部分重量一样，一个公司的运营也占了公司组织的大部分"重量"。要想建立好的组织，不能不理解运营。运营是业务与组织交织在一起的事情，做组织工作的人如果不了解运营的大逻辑的话，组织工作就很难做顺畅。

系统这件事要强调的是理解和建立系统的能力。组织很重要的一部分是由很多有社会需求的人组成的，组织是个**社会系统**。人才、文化、运营这种事情，在公司小的时候几个关键动作、招数就能起作用，此时的公司还称不上是严密咬合的社会系统。但是随着公司变大变复杂，其社会系统的特点越来越明显。如果我们不能理解和把握"社会系统"的规律，在工作中就容易钻牛角尖、急功近利、瞎指挥等。

比如，对于一个组织问题来说，你很难找到"唯一正确"以及"绝对正确"的答案。举例来说，公司高层外聘成活率低的原因是什么？有人会说是招的人不对（比如能力不够、对本行业不了解，或者价值观与本公司不匹配）；有人会认为是薪酬没有竞争力，或者薪酬结构中没有期权；有人会认为是老板太急于让别人出成绩等。总是寻找"唯一"或者"绝对"正确的原因就容易走偏。

从另外一个角度来理解"组织是个社会系统"这个特点：生活中的开门七件事"柴米油盐酱醋茶"之间相互还是比较独立、难以相互代偿的。比如，你不会因为有很多米，就不需要盐了；你有再多柴，没米也没用。不过，组织的开门七件事之间的相互独立性没有那么绝对，相互之间代偿的可能性大得多。比如，人才强了，对系统严密性的要求就可以降低一点；团队比较强，对个人的要求就可以略降低一些；你善于进化和变革，系统性弱一点也还行，等等。

这个"社会系统"的特点，一方面使组织工作有点复杂，另一方面也给不同组织更多的机会。比如，有些领导人虽然在看人这件事情上没什么天赋，团队协作也不怎么样，但是可能在运营和系统上很有感觉。如果其努力在运营和系统上着力修炼的话，组织工作也会很有起色，说不定比那些在人和团队方面很有天赋的老板更能建立有效的组织。

进化与**变革**这两件事情，与组织的动态性以及系统性比较相关。

组织这件事还很容易有另外一个误区：一谈到组织，很容易把它理解为关于内部管理的事情。这是一个天大的误解。一个有效的组织首先要考虑外部适应性、外部竞争性，然后才考虑内部整合性。所以，组织随着外部环境的变化而进化非常重要。这件事情往往是核心领导人的第一要务。不然，与外部环境不匹配，内部管理得再井井有条，那也不是一个好的组织。这个进化，大部分时候来自核心领导人及核心领导团队这一小撮人。但是，就这么一小撮人，对于一个组织来说，相当于人体的中枢神经一样重要。

当然，即使及时感受到了外部的变化，做出了有针对性的战略调整，但如果不善于管理内部变革的话，也实现不了进化的目的。所以，这就是变革也是组织开门七件事的重要原因。组织比较小的时候，对快速进化的感受是比较切身的，创始人权威也比较高，员工很容易拥抱变化，所以变革的难度一般不大，正所谓"船小好掉头"。但组织大了，有了过去辉煌的成功，这个时候要想克服人的能力和价值观惯性，以及组织系统的动态稳定性，就变成了非常有挑战性的事情。要使系统发生变化，必须有强大的势能使之前系统中的反馈机制发生方向性的变化，才能改变结构，实现系统功能的迭代。当然，这也就意味着机会。那些"善变"的组织会建立巨大的竞争优势。

人才、团队、文化、运营、系统、进化、变革就是"组织开门七件事"。实际上这种说法并没有回答"什么是组织"，只是用了一个特别的视角去说明一个问题：不管你怎么定义组织，你都得干这七件事。就像不管你怎么定义生活，你总是逃不出"柴米油盐酱醋茶"这开门七件事。

如果我们把"组织开门七件事"再稍微创作一下，就可以产生与实际工作相关联的场景感了,比如,把它改成**"强大组织的七项修炼""改变组织的七个抓手""组织制胜的七个法宝""理解组织的七个关键词"**等。大家可以发挥想象力和创造力。如果我们能够修炼好人才、团队、文化、运营、系统、进化、变革这七件事,"组织"这事就成了。

  希望这种总结和表述的方法能够帮助一部分人从某个特别的角度去理解"什么是组织"。这肯定不是唯一正确、合理的定义方法,每个人、每个组织都可以定义自己的"组织开门 X 件事"。

  本节作者为房晟陶。

什么是组织？
组织绩效 V 模型

在上一节中，我们用"开门七件事"的方式来回答"什么是组织"这个问题。在本节里，我们再从另外一种角度——组织模型来回答"什么是组织"这个问题。

每个高管都有看待组织的思维模式

在公司管理中，往往会遇到这样的挑战：高管团队谈具体业务问题的时候，还能较好地达成一致，采取行动；但是谈及组织问题的时候，会非常低效，或者难以讨论，或者彼此伤害，陷于"政治"中，久而久之，高管团队将"选择性遗忘"组织相关议题的讨论，直至组织问题积重难返。

每个高管都有看待组织问题的"思维模式"。思维模式体现了高管个人在组织问题上的思维定式、偏好，反映了个体的经验及偏见，而且很大部分都是无意识的。就像盲人摸象一样，从个体的角度看，每个人的思维模式都是合理的，但每个人都没有看到全貌。

图 1-1 呈现了一种典型的看待组织的思维模式（姑且称之为"三点式"组织思维模式）。秉持这种思维模式的领导者，自己都未必能意识到自己有这样的思维定式，但是旁观者可以从观察该组织管理者的管理决策行为

发现端倪。在日常的管理中，这类领导者最喜欢做的事情是调整战略、调整组织结构，或者调整薪酬激励方案。在他们看来，组织管理只需要抓住"战略""组织结构"和"激励"三个要素就差不多了。更有甚者，由于战略是由领导者制定的，否定自己往往需要难得的坦诚和莫大的勇气，所以有这种思维模式的领导者，对于调整组织结构情有独钟，对于改进激励方案乐此不疲，但一般不会反思是不是自己的战略选择有问题。"组织结构"和"激励"这两个杠杆在简单的、小型的组织中可能很实用，但随着组织规模的增大，这种简单的逻辑不仅无助于解决组织问题，甚至经常就是组织问题的来源。随着组织发展进入新阶段，组织领导者的思维模式需要升级蜕变。

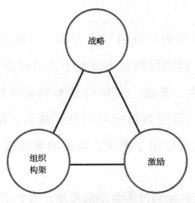

图 1-1 "三点式"组织思维模式

你去看什么，你就会看到什么；你去找什么，你就会找到什么；你使用的模型决定着你能发现什么。组织管理方面经典著作《组织》的作者詹姆斯·马奇认为，大多数问题组织对自身缺陷存在着"功能性盲区"，它们痛苦不是因为它们解决不了这些问题，而是因为它们根本看不到自己的问题。

不少组织管理专家提出了他们看待组织的模型，也有一些优秀的企业在组织管理实践中总结了它们的组织模型。例如，麦肯锡的汤姆·彼得斯和罗伯特·沃特曼在《追求卓越》中介绍的7S模型；IBM使用的业务领先模型（BLM）后来也被引入华为，成为组织管理者链接战略和组织的方法论；加尔布雷斯提出的五星模型（Star Model）；宝洁常用的组织绩效模型（organization performance model，OPM）等。这些组织相关的思维模型，为企业领导者提供了很好的借鉴。

在领导团队中建立组织方面的"共同思维模式"，即"共同语言"，能够提高领导团队看待组织问题的系统性，有助于将组织问题转化为组织议题，减少争吵、伤害、政治，促使公司组织进化得更快、更好。

一个好的组织模型需要通过三个方面的"压力测试"。首先，它要具备一定的系统性。组织问题本来就是个系统问题，如果模型本身有重大盲区，则事倍功半。其次，在保持基本的系统性的前提下，模型不能太复杂，太复杂的模型会影响可用性。最后，组织发展是个动态过程，对模型的动态性也提出了要求，即模型要能适用于组织发展的不同阶段。

组织绩效V模型是我们过去常用的模型。我们希望通过对一个组织模型的介绍，从另外一个角度去回答"什么是组织"这个问题。

组织绩效V模型简介

组织绩效V模型由五个大的要素组成：环境、目标&战略、流程&机制&系统、能力&文化、结果。各个要素的简介如图1-2所示。

环境

哪些是"必须被满足的需求"和"必须被管理的压力"

CONSUMER消费者需求/产业链/趋势
CUSTOMER客户/供应商需求/趋势
COMPETITION竞争对手/趋势/举措
COMPANY公司/雇员/股东需求/期望
COMMUNITY政府/经济环境/社区/协会要求

结果

组织阶段性的结果产出

市场地位/营业额/市值/利润率
公司目标达成情况
员工满意度
社会、政治、法律等方面的表现

目标 & 战略

组织存在的原因及作战计划

- 目标（短期、中期、长期）
- 业务模式及战略：发展战略、竞争战略、运营战略
- （想建立的）战略所需的关键竞争能力
- （想体现的）使命、愿景、价值观
- 基本假设（经常是无意识的）

能力 & 文化

产生这些结果的能力 & 行为
人才能力 & 行为
- 核心领导团队人员的能力和行为
- 关键岗位/关键层级/关键序列人员的能力和行为
团队能力 & 普遍行为
- 领导团队有效性
- 管理团队有效性
组织能力 & 普遍行为
- 客户端产品及服务能力，以及员工在客户端展现的普遍行为
- 其他利益相关方端的能力（投资人、合作方等），以及员工在利益相关方端所展现的普遍行为
- 技术、专业能力
- 工具/设备/AI等带来的能力
- 员工在内部协同中所展现的普遍行为

流程&机制&系统

流程
- 一系列的、连续的、有规律的活动，这些活动以特定的方式进行，并产生特定的结果
- 核心词是"产出"
- 六要素：客户、价值、输入、活动、活动间相互作用、输出

机制
- 几个组成部分之间的相互作用过程和方式
- 核心词是"目标"
- 可设计感强、灵活、快速适应环境变化

系统
- 由一些相互联系、相互制约的组成部分结合而成的、具有特定功能的一个有机整体
- 核心词是"功能"
- 各要素之和的贡献大于各要素贡献之和，即常说的1+1>2

图 1-2　组织绩效 V 模型要素简介

组织绩效 V 模型与三个层次的成功

组织绩效 V 模型将企业的成功分为三个层次，适用于企业的不同发展阶段，如图 1-3 所示。

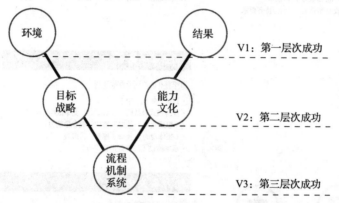

图 1-3　组织绩效 V 模型：三个层次的成功

图 1-3 所示的企业成功的三个层次，适用于企业的不同发展阶段。第一层次成功的核心因素是勇气、行动、运气，适用于行业初期及小组织（团伙）。第二层次成功有三种可能，或在"目标及战略"上比较好，或在"能力及文化"上比较好，或两者都比较好，适用于行业发展中期、中等规模组织，以及产品和服务的功能性、安全性要求不是很严苛的行业及阶段。第三层次成功适用于行业充分竞争期、大规模组织，以及对产品和服务的功能性、安全性、缺陷率要求比较严苛的行业及阶段。

第一层次成功（1.1）

图 1-4 展示了第一层次成功的路径（1.1）是从环境到结果，或者从环境到目标再到结果。

在这个层次上成功的典型特点是机会主义，根据环境要素的变化，依靠眼光、勇气、行动、资源、运气、个别能人、几个好兄弟，达成"结果"（经常仅以短期的财务收益为目标）。这适用于行业初期及公司发展初期，离真正意义上的组织还有很远的距离。

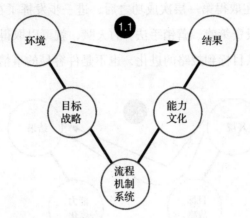

图 1-4　组织绩效 V 模型第一层次成功（1.1）

第一层次失败（1.2）

依靠机会主义小有成功后，如果不能实现目标和人才的匹配、从个人到团队的进化，很多小老板做大、做强的梦想反而容易导致他们失败。图 1-5 展示的这个阶段容易出现的现象是在目标上好大喜功，在用人上寄望于通过找到"高人"来立竿见影地解决问题。

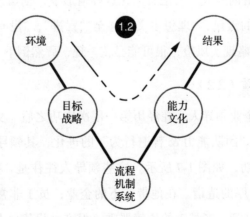

图 1-5　组织绩效 V 模型第一层次失败（1.2）

第二层次成功（2.1）

一些领导人在取得第一层次成功之后，进一步发挥了在目标和战略方面（商业模式、投资策略、营销手法）的天赋，就可以取得第二层次成功，如图1-6所示。从目标到战略的进化，也不是件容易的事情。

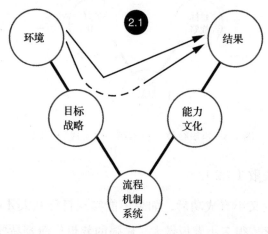

图1-6 组织绩效V模型第二层次成功（2.1）

但创始人还不会依赖人（除了极个别共同创业的元老亲信）和组织，所有关键决策都由创始人一人把持。在这种情形下，创始人可能会过度使用自己战略方面的天赋，"理想主义"甚至"冒进"，"没有做不到的，只有想不到的"，忽略现实风险，很可能昙花一现，砰然倒下。

第二层次成败（2.2）

也有一部分企业领导人，在经历第一层次成功之后，实现了从"个人能力＆行为"到"团队能力＆普遍行为"的进化，其领导的组织也可以取得第二层次成功，如图1-7所示。这些领导人往往是"精神领袖"，在"人治"方面有深厚的造诣。在他带领下的企业，员工非常热爱企业；公司发展对老板、高管、老员工的依赖严重；很难自我革命走向职业化，职业经理人也很难融入；容易走向人情化，最终发展速度受影响，规模大时事倍功半，可能会慢慢腐化直至衰亡。

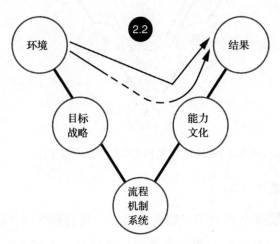

图 1-7　组织绩效 V 模型第二层次成败（2.2）

第二层次成败（2.3）

也有一些公司，不仅实现了从"目标到战略"的进化，还实现了从"个人能力＆行为"到"团队能力＆普遍行为"的进化，而且还能将"目标＆战略"和"能力＆文化"通过"流程＆机制"匹配起来。这样的公司看起来已经非常像个组织。一般来说，达到这个水平的公司在行业里面一定已经取得了一席之地，企业的领导人也可能成了领一时风骚的"枭雄"。

不过，在这个阶段中，"目标＆战略"与"能力＆文化"之间一般只是用一些粗线条的流程及机制来连接，还没有深入到系统层面。这种组织，在规模中等且还没有经过大风大浪的时候还可以，但是，一旦规模、复杂性进一步增大，外部环境挑战性提高，其组织效率就会直线下降。图 1-8 展示了这种组织，它们是第二层次成功的组织中的佼佼者。

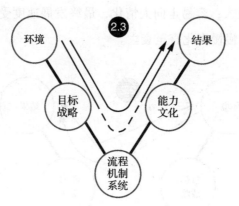

图1-8　组织绩效V模型第二层次成败（2.3）

第三层次成功（3.0）

对于组织绩效V模型第三层次的组织，我们称之为"深V型组织"，它们具备一流的战略能力和一流的组织执行力，如图1-9所示。要到达这个层次，最重要的进化是"目标&战略"与"能力&文化"之间通过"流程&机制&系统"深度匹配。对于想取得第三层次成功的企业来说，其需要的关键进化是"系统"。流程、机制等都是系统的重要部件，但仅仅有流程和机制还远远不是系统。

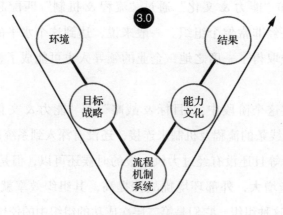

图1-9　组织绩效V模型第三层次成功（3.0）

第三层次成功的组织可以及时应对"环境"的变化，产生适合的"目标 & 战略"；"目标 & 战略"可以通过"流程 & 机制 & 系统"转化为"能力 & 文化"；"能力 & 文化"导致了"结果"。这样的组织，其深层次的"毛细血管"已经打通，是真正"值钱"的组织，能够持续不断地创造价值。很多成了行业巨头的公司，都做到了（至少阶段性做到了）目标 & 战略—流程 & 机制 & 系统—能力 & 文化这三者之间的匹配。

第三层次成功后的退化（3.1）

组织是需要持续更新迭代的。第三层次的组织成功一段时间后，也会出现退化的风险。

在深"V"阶段享受了组织红利之后，如果不能保持居安思危的心态，对外部变化开始不敏感，或解读能力弱化，或反应速度变慢，就会开始成功之后的退化，如图1-10所示。当然，深"V"组织的红利还可以让组织吃点"老本"，一旦给组织输入正确的目标及战略，靠组织的"流程 & 机制 & 系统"，以及组织中沉淀的"能力 & 文化"，还可以维持一段时间的高绩效。但是，部分接近核心决策层的高层已经开始感觉到危险，可能会选择"功成身退"或"改换门庭"。

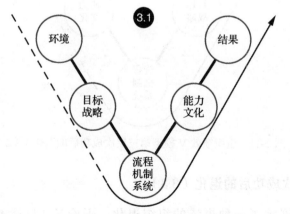

图1-10　组织绩效V模型第三层次成功后的退化（3.1）

如果高层还不警醒，不能保持之前"创业的姿势"，组织会进一步在"目标 & 战略"层面蜕化，然后逐渐蔓延至组织"流程 & 机制 & 系统"层面的蜕化。到这种时候，中高层员工已经能够普遍感觉到问题的严重性。虽然依靠既有的"能力 & 文化"还能维持一段时间，但是员工肯定事倍功半。

第三层次成功后的退化（3.2）

图 1-11 展示了第三层次成功之后的另外一种退化方式。这些组织持续保持对"目标 & 战略"的重视和敏锐，持续在"流程 & 机制 & 系统"层面组织建设进行投入，但是，可能是因为不想太依赖人，在"能力 & 文化"方面开始退化，最终"结果"与预计出现偏差。此时，高层开始不断责怪中基层执行不力。之后如果不及时警觉，"能力 & 文化"方面的退化会进一步蔓延至"流程 & 机制 & 系统"层面的退化。于是，组织的思考力开始远远强于行动力，假话、大话、空话、套话就开始盛行。

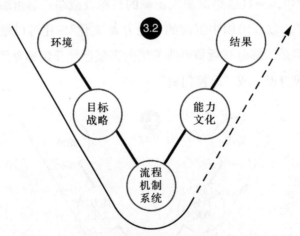

图 1-11　组织绩效 V 模型第三层次成功后的退化（3.2）

第三层次成功后的退化（3.3）

图 1-12 展示了一种更惨的组织退化，不论是"目标 & 战略"还是

"能力 & 文化",都乏善可陈。在这种情况下,看似有组织(实际上只是一堆自圆其说的繁文缛节、规章制度),其实已经是乌合之众。这样的组织需要"扭转",一般的转型升级已经无力回天。

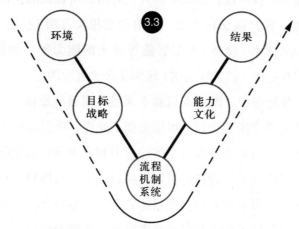

图 1-12　组织绩效 V 模型第三层次成功后的退化(3.3)

组织绩效 V 模型的应用举例:组织评估

组织绩效 V 模型可以作为领导团队在组织管理方面的共同语言。作为一个模型工具,它可以应用于组织评估、组织设计等组织工作场景。以下就简单讲讲如何用组织绩效 V 模型进行组织评估。

就像患者在就医时需要进行身体检查,再对症下药,组织评估就如同给组织做健康检查,是向组织负责人说明,组织中哪些部分已失控、哪些部分运行良好的整个过程。在评估之后,根据具体情况,给出针对性的组织改进方案。用 V 模型进行组织评估有以下五个关键步骤。

第一步:对比当前取得的"结果"是否满足了"环境"要求。首先,罗列现在及未来一段时间,外部环境对组织的要求是什么。其次,将组织当前取得的结果与之对比,找到差距。最后,可以运用二八定律(帕累托法则）聚焦于最关键的没有得到满足的要求。

第二步：探究目前"结果"差距背后的"能力＆文化"原因。原因可能是多方面的，包括领导者、关键岗位人员以及关键序列员工的通用素质能力、专业能力、投入度；组织中的人员对组织所宣扬的使命、愿景、价值观的真诚度；客户端交付能力；其他利益相关方端（投资人、员工等）的能力；工具/技术/设备/人工智能等带来的能力等。和第一步一样，也可以运用二八定律（帕累托法则）聚焦于最关键原因。

第三步：分析组织"流程＆机制＆系统"层面的原因。例如，项目总是无法按照进度要求实现交付，可能是如下原因：项目的成功标尺和关键里程碑不清晰；项目负责人没有足够的权力制定决策；强职能的组织架构使项目运行过程中无法实现横向机制；项目负责人对项目人员的激励没有建议权；公司层面没有机制将多项目运营节点信息显化，并对进度滞后进行预警管理；过往项目的成功经验和失败教训未能形成组织知识沉淀，新项目犯老错误走弯路等。这些都是"系统"层面的原因。

第四步：从目前"能力＆文化"和"流程＆机制＆系统"的实际设置中，推断整个组织的"事实目标＆战略"，而不是文字上或领导讲话中说的"名义目标＆战略"。组织的领导人可能会有这种感觉：我想这么做，我也说了要这么做，我还写了要这么做，但这个组织实际并没有这么做，而是在那么做。这就是事实战略与名义战略之间的巨大差距。

第五步：找到"事实目标＆战略"与"环境"之间的差距。最终组织的领导人会发现，之前设定的"目标＆战略"只是空中楼阁，实际指挥组织的"事实目标＆战略"并不能满足"环境"的要求。

组织模型是不是组织

通过以上对组织绩效 V 模型的简介，读者应该对于"什么是组织模型"有了一些直观的感受。

类似组织绩效 V 模型的这种组织模型是不是可以回答"什么是组织"这个问题呢？

组织模型是对"什么是组织"的简单化、框架化表达，用以辅助和引导对组织问题的集体分析及解决。

这样的组织模型，会比"组织就是为实现特定目的而人为创建的动态社会系统"这种全面而专业的定义更有实际意义。

当然，我们仍然不能说"组织模型就是组织"。但是，我们可以说，你认同的组织模型就是"你的组织"。

本节作者为左谦、房晟陶。

第 2 章
• CHAPTER 2 •

组织创业及创作
首席组织官及系统负责人

很多企业在组织建设方面都付出了很大努力,但无法获得好的效果。

组织建设方面有没有一些事半功倍的"秘诀"呢?COO 和 SO 就是本章想阐述的"秘诀"。COO 是首席组织官(chief organizing officer)的简称。SO 是系统负责人方法论/系统负责人制(system ownership)的简称,同时也是系统负责人(system owner)的简称。

注意,本章的六节内容是相互联系、有先后顺序的,需要连续阅读。其他章的各节是相对独立的。

什么是"首席组织官及系统负责人"？
为什么是"组织创业及创作"

为什么会有系统负责人

我之所以写一篇关于系统负责人方法论的文章是有一个复杂的过程的。2004年6月我开始给龙湖做咨询项目，2005年8月加入龙湖董事会，2012年5月我退出了龙湖董事会，之后又给龙湖做顾问1年直到2013年5月。2013年8月我去哈佛大学学习，反思了几年，2016年年初回来。自2016年下半年我开始系统总结龙湖那段组织建设过程的经验。自2016年下半年到2017年上半年的一年时间里，我的经验总结集中体现在"从团伙到组织：三边工程及变革管理"这个两天的培训课程里。这是个针对企业创始人、高层团队、中高层人力资源人员的培训课程。培训的目的是开拓参训人员在组织方面的视野，提高他们在组织方面的系统思考能力。参加了这个培训的人会对以下内容印象深刻：素质模型的开发与运用、组织绩效V模型、社会价值观、赞成和反对的行为、企业文化的基因组分析法、人力资源策略选择、人力资源职能定位、变革管理的视角等。

这个培训本身不是技能性的，所以我没有刻意让它变得浅显易懂。对于这种方式，好的方面是可以避免那种"一教就会，一用就错"的普遍现象，不好的方面之一是有些学员可能会自行演绎出不是我本意的结论。比如，有的学员会认为我那段经历中的核心经验是我比较会基于素质模型看人。这种评价让致力于建立一个组织的我吃了一惊，因为我从来不认为这是我的核心能力。当然，我并不怪这样的学员，问题在于我培训的方式及内容。

到 2017 年下半年，随着我对个别经济企业的更深入了解，以及对非营利组织人力资源管理的逐渐入门，结合培训学员的反馈，我进行了更深层次的总结。我发现我之前更多总结了专业方法论，还有一个已经融入我血液中的工作方法论没有表达出来。

这个工作方法论就是系统负责人工作方法。这种方法最开始来自我在宝洁那六年（1995～2001 年）的工作经历。那是我大学毕业后的第一份工作。在宝洁公司，系统负责人工作方法就像空气一样存在，太基本了。我有时甚至开玩笑说，所有宝洁人的脑门上都写着"系统"二字。宝洁的六年工作经历及 INSEAD MBA 一年学习之后，我做了两年多咨询。在咨询的实践中，尤其是在对民营企业的咨询中，我对系统负责人方法论的理解受到了很大挑战并得到了丰富。后来，我把它不自觉地应用在了龙湖的组织建设过程中。这个系统负责人工作方法才是除了素质模型、组织绩效 V 模型、企业文化基因组分析法、人力资源策略等专业性方法论之外的我的一个基本工作方法论。

我个人的价值观和能力是不能复制的，但是系统负责人工作方法是一个可以复制的独立变量。所以我决定把它提炼、表述出来，希望对很多处于快速成长期及升级迭代期的企业有所帮助。

这个系统负责人方法论部分解释了一个问题，那就是为什么很多人有专业能力，基础素质能力很好，经验和经历不错，态度也很积极，但是还是不能做好事情。一个重要原因是缺乏一个工作方法论，一个能把其他所有能力要素串起来的工作方法论。对于个人来说，没有这样一个工作方法论，个人绩效会大打折扣。

系统负责人与首席组织官

在总结系统负责人方法论的过程中，我又遇到了另外一个难以回避的问题。不面对这个问题，系统负责人方法论无法有效实施。

用一句话总结这个难以回避的问题就是：大部分企业的首席组织官都是功能失调的、责任者缺位的。这种失调和缺位是组织中众多问题的源头。系统负责人方法论和首席组织官这个功能必须联系在一起讲。

什么是首席组织官？首席组织官首先是个功能和职责。在大部分处于创始人阶段的企业里，在没有其他合适的人之前，首席组织官都是由创始人兼任的。这就像在没有合适的首席运营官（COO）前，首席运营官由创始人兼任一样。但随着公司的发展，这个功能一般要由创始人与另外1～2个人共同承担，比如创始人兼首席执行官（CEO）与首席人力资源官（CHO）共同承担，或者创始人兼 CEO 与另一个核心高管（如总裁）共同承担。各种方式都可以，只要能够实现这个功能就行。

首席组织官的职责是什么？简单来说，首席组织官的职责就是把一大帮人高效地组织起来。首席组织官的具体职责是领导组织规划、输出组织策略、调动资源共同进行组织创业及创作。

创始人与首席组织官

很多创始人兼 CEO 本身就是造成组织工作难度大的首要原因。他们对组织工作性质的认知往往有方向性的偏差，对组织工作的难度及价值的认知往往有数量级的偏差，对自己在组织方面的责任和角色认识不清，以至于不断摇摆。这些都是导致首席组织官功能失调的首要原因。

首席组织官这个功能和职责在相当长的时间内都要以创始人兼 CEO 为主承担。如果在这个方面认识不坚定、定位不断摇摆，就会让本来就已经很难的组织创业工作更具挑战性。

很多创始人在商业或技术上很有天赋，但他们在系统性上不一定有优势，在组织方面更不一定有感觉。创始人兼 CEO 要想履行首席组织官的职责也真的不容易。

如果创始人能够通过参加各种培训、请教各种高人等提高自身作为首席组织官的意识和能力，这就是对组织内具体从事组织工作人员的最大帮助。

当然，创始人兼 CEO 自己成为胜任的首席组织官也不是唯一的方式。创始人兼 CEO 的首要责任是确保首席组织官的功能不缺位。除了自己个人不懈努力之外，创始人兼 CEO 还必须不懈地以寻找创业伙伴的心态去寻找能够与其共担首席组织官职责的人才、资源。另外，创始人兼 CEO 还要倾斜资源，大量甚至制度性地调动组织内的优秀人员共同进行组织创业。不给组织创业者以制度性的激励，就不会有优秀的人愿意去做组织创业这种费力不讨好的事。资源砸下去，总会涌现出可以与创始人兼 CEO 共担首席组织官职责的人才。

为什么是"组织创业和创作"

前面讲了"系统负责人方法论"和"首席组织官"的来源。可是，"组织创业和创作"是怎么回事呢？

在反思"从团伙到组织：三边工程与变革管理"这个培训的时候，我发现这个培训的名称及内容容易给人一种错觉，好像组织建设是个虽然复杂但有"矩"可循的专业技术活。我觉得它没有足够强调两个非常根本的元素：组织建设中的"创业"与"创作"的精神底色。

"组织创业"强调了组织建设的**艰苦性**及**自我突破性**。尤其是"从团伙到组织"以及"组织升级迭代"这两种情况，都需要强大的创业精神。

"组织创作"强调了组织建设的**创新性**以及**艺术性**。现在很多企业都在做着从来没有存在过的事情。这种情况下的组织建设需要很多创新和创作。即使从事传统行业，因为绝大部分创始人都不是循规蹈矩的人，在组织方面也想弄出点与众不同的东西，所以也是在创作。

于是，本章的标题从一开始构思的"系统负责人方法论"进化成了"组织创业及创作：首席组织官及系统负责人"。这个标题想传达的意思是，建立或迭代组织这项工作在本质上是一项关于创业及创作的工作，而要想做好这项工作，有两个功能及职责非常关键：首席组织官以及系统负责人。

首席组织官与横向领导力

首席组织官这个功能可能是创始人最难交出去的工作。对于绝大部分的民营企业，这个首席组织官至少和首席运营官同等重要，而且更难培养。

与此同时，首席组织官也可能是创始人最不愿意交出去的工作。**对于创始人来说，组织创业就是从老板到企业家的蜕变。**《突破之道》这本书中提到一个词叫"给公司加冕"，意思就是把本来戴在自己头上的王冠戴到一个组织上。这生动地描述了这种蜕变的实质。

其中一个关键难点在于，组织创业需要一个与业务创业不同的"姿势"——"横向领导力"，而横向领导力正是我们的文化价值观体系所欠缺的。我们的领导力传统是"君为臣纲"。

如何才能让横向领导力在组织里面有生存空间呢？首先，创始人必须以身作则，自己提高横向领导力。然后，创始人要用纵向领导力在组织内推行横向领导力。这就如同用专制的手段去推行民主。这种专制既需要创始人有足够的威信，又需要有一些自我超越的价值观。

愿意"给公司加冕"，仅仅用想更有钱、更有名、更出人头地是很难充分解释的。这背后有个难以解释的"第一推动力"问题。这个"第一推动力"从哪儿来？我们很难用逻辑去解释，而且，这个"原力"何时觉醒也难以预计。

还要强调的是，需要做出这种"给公司加冕"转变的不仅是创始人，还有公司的其他核心高管。他们在这方面的变革难度一点也不比创始人低。每个高管都是其所辖组织单元的首席组织官。

首席组织官不是首席人力资源官的别称

有人会问，首席组织官是首席人力资源官（CHO）的另一个称呼吗？对于这个议题，我们在公开课、内训、小规模的交流等不同场合中也经常被问到。

简单直接的回答是：不是。首席组织官不是 CHO 的一个别称。CHO 是明确的职位和角色，但首席组织官首先是个功能和职责，而不是个职位，也很少有企业会设立首席组织官这个职位。

首席组织官功能的默认责任人不是 CHO，而是 CEO。对于创始人阶段的民营企业来说，其默认责任人都是创始人兼 CEO。

首席组织官功能就是创始人兼 CEO 最关键、最具挑战性、最难以转让或下放的责任。甚至我们可以说，能否承担起首席组织官的责任就是一个 CEO 是不是真正 CEO 的关键衡量标准。

首席组织官功能和责任具体要负责什么呢？

简单而言，首席组织官的功能和责任就是把一帮人高效地组织起来，其具体的任务就是"建立或者迭代组织"，其"客户"就是本组织的全体成员以及利益相关方。图 2-1 可以简单说明"建立或迭代组织"所要做的事情。这个图共由六个部分组成：首席组织官（COO）、组织模型、组织系统、组织策略、创业精神及创作能力、变革艺术。这六个方面都是"建立或迭代组织"需要做的关键事情。

第 2 章　组织创业及创作：首席组织官及系统负责人　37

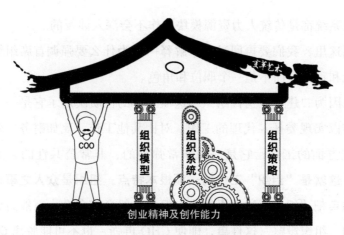

图 2-1　建立或迭代组织的方法论

在图 2-1 这六个部分中，首席组织官是唯一"活的"因素。这个"活的"因素要负责其他因素的生成。

比如，首席组织官要负责组织策略的生成。

还有，首席组织官要帮助组织去选择适合本公司 / 机构的组织模型。

再有，首席组织官要去领导、导演整个公司 / 机构的重大变革。

还有，首席组织官要确保关键的组织系统得以建立。

最重要的是，首席组织官要激活整个公司 / 机构在组织方面的创业精神及创作能力。

那么，在这个"建立或迭代组织的方法论"里，CHO 体现在哪里呢？首席组织官与 CHO 是什么关系呢？

人力资源的一些传统模块工作，如招聘、培训发展、薪酬福利、绩效管理、员工关系，基本都在组织系统这个柱子里，但这些模块工作本身并不能构成独立的系统，它们只是系统的一部分，属于器官级的工作。比如招聘、培训就是"人才选育用留系统"的关键部件、器官，但只靠招聘、培训这几个关键部件根本实现不了"人才选育用留系统"功能及目标。同时，"人才选育用留系统"只是企业众多的组织系统之一。有很多其他重要的组织系统都是传统人力资源模块工作不会深入涉及的。

写到这里,我们要再回过头来解释一下为什么要强调首席组织官首先是个功能和责任,而不是一个职位和角色。

这是因为"建立或迭代组织"这项工作的性质决定了它是一项边界不清晰、难以实现委托-代理的工作。对比其他工作,比如财务、营销、工程、组织方面的工作,它是一项非常弥漫的、非常公共性的、需要共创的工作。**这就是"组织"工作的一项根本特点:组织是众人之事;没有一个人能独自把"组织"这件事做成;但是一般会有多个人有能力让它干不成。**比如"组织策略"这件事,即使CHO再强,也不可能脱离CEO独自制定组织策略,甚至也不能由创始人兼CEO一个人独自制定,而是需要核心领导团队共同参与制定。你可以暂时独断专行,但缺乏整个领导团队的参与和支持,设计良好的策略是很容易"胎死腹中"的。

强调首席组织官是个功能和责任的另外一个原因是,组织也是分层的。在整个公司层面,当我们说创始人兼CEO就是首席组织官时,他是无法驳斥、无路可退的。但是,试想,当公司规模大了,有了事业部(BU)、事业群(BG)之后,谁是这些事业部、事业群的首席组织官呢?在这种情况下,很容易出现"责任者缺位"的情况。事业部、事业群的总经理至少可以向三个方向"推卸责任":一个方向是推给集团的创始人兼CEO;第二个方向是推给事业部、事业群的HR负责人;第三个方向是事业部、事业群的总经理伙同事业部、事业群的HR负责人把责任推给集团的CHO。这三个方向都是错误的。

在首席组织官功能的定义下,每个业务单元的一把手都是该业务单元默认的首席组织官,就像创始人兼CEO就是整个公司默认的首席组织官一样。换句话说,首席组织官就是一把手功能,是一把手责任难以分割的一部分。

很多人说CEO就应该是公司的CHO。这个说法是站不住脚的。创始人兼 CEO 完全可以不是 CHO，但他必须是首席组织官。一个公司即使有了很不错的 CHO，但如果 CEO 没有组织方面的思想和方法论的话，这个公司也不会有首席组织官的功能。

总结一下，首席组织官不是 CHO 的又一个别称。首席组织官的功能和责任远远大于传统的人力资源职能。一个 CHO 的价值取决于其对公司首席组织官功能的贡献大小。贡献大的话，他就可以大大解放创始人兼 CEO 以及其他核心领导团队成员的时间和精力。在实际情况中，对于普遍处于"建立组织"阶段的民营企业来说，CHO 对首席组织官功能的贡献程度完全是因人而异的，而不是由人力资源的常规任务决定的。

本节作者为房晟陶。

组织系统：用"系统之眼"看组织

组织不仅是"一群有共同目标的人"

很多人容易把组织简单定义为"一群有共同目标的人"。实际上，拨开表层看得见的"人"后，我们发现组织至少还包括"人"背后盘根错节的若干"流程、机制、系统"。

以人体为类比说明。我们从外表看人只能看到脑袋、躯干、四肢，脑袋上有眼耳鼻舌口，皮肤上有毛发，等等。这是一种比较表层的分法。但是生理医学上是把人怎么分的？上网简单搜索一下，你会发现如下描述：

"人体九大系统是指运动系统、消化系统、呼吸系统、泌尿系统、生殖系统、内分泌系统、免疫系统、神经系统和循环系统。人体是由细胞构成的。细胞是构成人体形态结构和功能的基本单位。形态相似和功能相关的细胞借助细胞间质结合起来构成的结构成为组织。几种组织结合起来，共同执行某一种特定功能，并具有一定形态特点，就构成了器官。若干个功能相关的器官联合起来，共同完成某一特定的连续性生理功能，即形成系统。消化系统包括消化道和消化腺两大部分；运动系统由骨、关节和骨骼肌组成，约占成人体重的60%；泌尿系统由肾、输尿管、膀胱和尿道组成。"

这九大系统可以从外表看出来吗？大部分都不能。但它们存在吗？

一个只能用人、部门、汇报关系、文化这种词汇描述组织的人，就相当于一个只能用脑袋、躯干、四肢、毛发、气质这种词汇描述人体的人。能用"组织系统"视角看组织的人就像有了"第三只眼"，他们能够看到这些表层事物背后的那些"系统"和"功能"。这是一个更有效的分析、界定、解决组织问题的视角。

什么是组织系统

若干流程、机制、目标、价值观、能力、场景等结合起来，共同完成某一特定的连续性组织功能，就形成了组织系统。一个组织系统，就是一种**连续性的组织功能**，而不仅仅是一系列任务和产出。

可以与组织系统（organizational system）对照理解的概念是业务流程（business process）。两者有四点关键区别。

第一，业务流程的重要性非常容易被接受。没有它，企业就直接瘫痪了。但组织系统一般不会有这样的直接影响，总是重要而不紧急。

第二，业务流程内各个节点上的人之间的关系一般可以用上游、下游、客户、供应商等这样的语言描述。但是，组织系统里更多是使用者、提供者、受益者、关联方等这样的语言。在业务流程中，因果关系比较明显。在组织系统中，相关方非常多，只用因果关系很难解释问题。

第三，业务流程更容易有清晰的边界，但组织系统更像公共空间。地盘感很强的人很难把一个组织系统管好。系统负责人更像"公共服务人员"而非"老板"。

第四，一个具体的组织系统关键输入一般都有哪些？比如，组织本身的使命、愿景、价值观，战略性组织系统的阶段性选择，对具体组织系统的价值观及管理原则输入等。除此之外，还要有专业输入，该组织系统负责人本身的价值观、能力、工作方法论输入,资金及资源输入等。

在这些输入中,最关键的就是价值观及管理原则输入。其中,创始人的价值观及管理原则输入往往具有致命影响。相比较而言,业务流程的输入往往更硬一些,比如技术、生产线、资金。这一点是组织系统与业务流程的重要区别。

讲到这里,还得再强调另外一点,价值观及管理原则输入有时取决于核心领导团队的状态。一个领导团队在业务上能进行建设性的讨论,但在组织问题上可能是失能的。即使是像夫妻、兄弟这样亲密关系的创始人,很多时候也难以调和在价值观及管理原则上的冲突。有的时候,在抽象的价值观上容易看似一团和气,而一旦到了管理原则这个层面,矛盾就很难规避了。

一个公司由哪些系统组成

形态、习性千差万别的脊椎动物可以用消化系统、神经系统、生殖系统、呼吸系统等通用的系统去描述和分析。那么,行业不一样、发展阶段不一样、规模不一样的企业组织,可否也用通用的组织系统去解构和分析呢?企业目的相似、责任有限,是有解构及通用化的可能的。

如何解构和划分呢?首先,我们希望遵循"相互独立,完全穷尽"(mutually exclusive and collectively exhaustive,MECE)的原则,即系统之间相互独立,各个系统加在一起又能包含组织的各方面。另外一个划分原则是要足够多但又足够少。参考人体系统划分的数量级,我们把组织系统分为四类十个系统,如图2-2所示。

以下就是这四类十大组织系统的功能及目标描述。在每个系统的功能及目标之下列举了典型、相关的子系统。

图 2-2 "3+1"组织系统图

人才及知识系统

（1）人才选育用留系统。**功能及目标**：找到、吸引、培育、保留适合企业发展阶段的人才；使其高效转化及融入；将人才配置到合适的岗位（合适的人做合适的事）；有竞争力的中高层人才源源不断地产生；不适合的人适时离开。**典型、相关的子系统**：人员标准（通用素质能力、领导力、职能/岗位素质能力、专业能力）；职业序列及等级；中基层人才招聘及融入；管理培训生的招聘及早期发展；特定类别人员的招聘系统，如销售代表；入职培训体系；企业大学/培训学院；360 评估；人员发展计划；导师计划；

上级对下级的指导、传帮带；领导力发展；继任者计划；人员调配；人员编制；人才盘点；晋升、降级与辞退；轮岗；绩效＋潜力综合评估；等等。

（2）知识进步及技术创新系统。**功能及目标**：知识进步及技术创新层出不穷；知识进步及技术创新高效转化为生产力及竞争力。**典型、相关的子系统**：研究院/实验室/研发部门的亚文化；产研结合、合作办学；研发/技术序列人员的招聘、培训及职业发展路径；专业技能鉴定及职称；专业技术委员会；知识分享体系；继续教育；论文发表、专利申请奖励机制；技术发明专利、知识产权管理；文献档案管理体系；线上知识平台；图书馆/资料馆/档案馆；研发预算管理；等等。

任务协同系统

以下（3）～（7）系统加在一起就形成了"任务协同系统"。"任务协同系统"的总体功能和目标就是：做正确的事、正确地做事。当然，要实现这个功能和目标，"任务协同系统"离不开"人才及知识系统""文化管理系统""组织进化及领导力系统"的支撑。同理，"人才及知识系统"要想实现其功能及目标，也离不开其他三类系统的支撑。

（3）战略协同系统。**功能及目标**：平衡想做、应做、能做，促进上下同欲；促使方向、目标、关键举措、关键任务的协同一致。**典型、相关的子系统**：顶层设计（使命愿景价值观、业务规划、组织规划这三个方面的互动）；战略研究；战略研讨会；战略沟通；战略分解、部署、回顾及调整；高管团队 OKR；高管调配、任用；等等。

（4）组织结构及决策系统。**功能及目标**：岗位、角色、团队、部门、系统的结构设置使任务易于被完成；责权匹配。**典型、相关的子系统**：关键岗位设计；集分权；总部组织结构；前台、中台、后台职责区分；汇报关系及层级等；决策权与岗位、角色的匹配；决策权限设定；系统负责人结构；跨部门任务组；等等。

（5）绩效管理系统。**功能及目标**：把目标、关键举措、关键任务分解并落实到团队及个人；通过计划、监督、评价、反馈提升等方式帮助团队或个人完成关键任务，从而实现目标。**典型、相关的子系统**：战略绩效管理（对业务单元及团队的）、个人绩效计划、个人绩效评估、KPI、高层人员绩效及薪酬、绩效反馈、绩效改进计划管理，等等。

（6）全面回报系统。**功能及目标**：吸引、保留、回报、激励员工的承诺及投入；支持战略目标及价值观导向的实现。**典型、相关的子系统**：晋升及轮岗；合伙人机制；长期激励；股权激励；薪酬结构；基本工资；基础福利；灵活福利；及时激励；绩效奖金；薪酬沟通；EAP；工作与生活平衡；灵活工作制；休假；退休、退岗机制；等等。

（7）信息及数据系统。**功能及目标**：关键的业务及组织信息、数据能高效传递到相关干系人；通过信息的加工和运用，提升效率、辅助决策、支持赋能。**典型、相关的子系统**：OA、高管办公会议、部门/团队/班组会议、技术性信息沟通平台、公告、内部员工论坛、在线学习、HRIS，等等。

文化管理系统

（8）文化管理系统。**功能及目标**：平衡外部适应性与内部整合性；有竞争力的理念不断生成及合法化；失去竞争力的理念不断被甄别及消弭；理念被化虚为实，应用于断事、用人的关键流程/机制/系统中，形成共识及普遍的行为；平衡"应是"与"实是"、多元与统一、继承与迭代。**典型、相关的子系统**：使命、愿景、价值观；高层领导力定义；经营管理原则；具体的行为标准；文化评估；客户满意度调查；高管晋升及任用；领导力培训；内部员工论坛；价值观考核/行为能力评估；高管团队走心会；非正式奖励；员工纪律与处分；员工意见/敬业度调研；公司庆典及节日性活动；公司内刊；荣誉系统；入职仪式及培训；文化符号、仪式、故事、英雄；公司政策；商业行为准则及利益冲突申报制度，等等。

组织进化及领导力系统

（9）**组织进化更新系统**。**功能及目标**：对自身组织的状况有清醒认知；组织的调整可以及时、有效应对内外环境的变化及未来发展、竞争的需要；通过人员、流程、系统、机制、文化的变化，不断迭代组织的竞争力。**典型、相关的子系统**：使命、愿景、价值观＋业务规划＋组织规划；组织评估及组织再设计（流程重整、机制更新、系统迭代等）；创始人成长；核心领导层的成长和迭代；战略性高层人才引入；组织模型；组织策略讨论会；复盘；外部标杆比较；高管调配、任用；等等。

（10）**组织管理实施系统**。**功能及目标**：每个业务/组织单元的首席组织官功能正常运转；设置了合适的任务、角色、结构，匹配了适当的资源、能力及权力，使"管理组织"这个重要的职责得以被承担；管任务/动作、管人/能力、管价值观/思想的平衡。**典型、相关的子系统**：中高层人员的组织管理能力及权限（含人员、文化、系统、流程、机制等）、人力资源职能定位、人力资源组织结构、人力资源业务伙伴（HRBP）/"政委"、HR/"政委"与业务经理的职责权限划分，等等。

关于以上这四类十大组织系统，还要做一些说明：尽管我们致力于做到MECE，但组织系统之间的盘根错节本身就是组织系统的重要特点。所以，要做到完全独立还是很有难度的。在十大组织系统的层次上，交叉还不是很多。但到了子系统层面，交叉就很多了。比如，战略绩效管理既出现在战略协同系统里，又出现在绩效管理系统里；晋升既出现在人才选育用留系统里，又出现在全面回报系统里。

系统之间也有合并的可能（至少可以阶段性合并），尤其是在同一大类里的系统。比如，在有些公司中，战略协同系统和绩效管理系统是紧密结合在一起的。

在这十大组织系统中，会不会有些系统比别的系统更重要？每个组织可以选择更加重视某几个系统。但我们在解构和划分的时候，没有事先假设哪个系统更关键。这就像我们很难说消化系统比呼吸系统重要一样。可以说，每个系统都重要。任何一个系统出问题，都可能是致命的。但这十大系统各自所占的比重确实是有区别的，就像人体的运动系统（骨骼及肌肉）占了人体的大部分重量。但我们仍然不能说运动系统就是最关键的。在实际的企业与企业的竞争之中，那些不容易看到的部分往往可以成为竞争优势的关键。

本节作者为房晟陶、左谦、樊莉。

系统负责人方法论

什么是系统负责人方法论

业务流程方面的工作，职责、任务、界限、指标相对比较容易明确。但大部分的组织系统工作都是弥散性的。做好组织系统的工作，需要一套与做业务流程不一样的工作方法。系统负责人方法论就是这样一套工作方法论。

系统负责人方法论的核心是以"功能"为出发点组合任务，让重要的功能可以被负责。它要避免有人承担任务，但没人承担对**"功能"**的职责。

与一般印象相反，要做好组织系统类工作，实际上必须有超强的结果导向，只是这种结果导向的表现形式很不一样。这些组织工作的负责人要想得远，要有价值观，要做大量重复的工作，要有专业，要不求短期回报，要善于面对各种不解和非议等。这样，他们才能在更长的时间维度上为组织创造无法轻易复制的竞争力。

这样取得结果的方式就是另一种领导力。你可以叫它组织领导力、网络领导力、横向领导力、公共领导力、系统领导力等。但它不是那种传统的职权领导力、纵向领导力。

系统负责人方法论就是首席组织官领导组织创业及创作的方法和工具。没有系统负责人方法论这个"技"，首席组织官"组织规划"的"道"就无法落地。反过来，没有首席组织官，系统负责人方法论只能事倍功半。

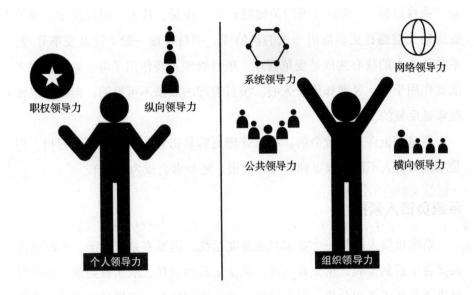

系统负责人不是项目管理

系统负责人方法论不是个新东西,也不是什么捷径。简单用下面的公式来说:*SO* = *f*(系统管理、变革管理、项目管理、产品经理、运营管理)。

系统负责人方法论是不是就是项目管理的扩展版?不是。项目管理是系统负责人的工作方法之一。中国人普遍善于做项目管理及项目经理,但是不善于也不愿意做系统负责人。

项目管理与系统负责人方法论有什么区别?项目是为完成某一独特的产品和服务所做的一次性努力,具体可以是一项工程、服务、研究课题及活动等。项目管理的重要特点是:过程的一次性、运作的独特性、目标的确定性、组织的临时性和开放性、成果的不可挽回性。

组织系统的工作显然不具有这五个特点。项目管理一般有始有终,系统管理是长期持续的。组织系统的关键词是"功能",项目管理的关键词是"项目目标"。项目管理的关键路径由工作量、技术、时间决定，系统管理的关键路径更多取决于人的价值观。项目管理一般不涉及变革管理，系统负责人的核心挑战是变革管理。项目管理主要作用于事，系统负责人既要作用于事，又要作用于人心。项目管理的成果不可挽回，但组织系统经常是反复的。

还有，也许是最致命的，项目管理更容易得到及时的认可与回报。但是系统负责人不仅难以得到认可和回报，还经常会成为替罪羊。

系统负责人素描

系统负责人的第一个要求当然是要系统，即要有系统思维。系统负责人要善于看到全貌，从头看到尾，从主干看到枝杈，从实看到虚。系统思维里就包括了差距分析、损失分析、根本原因分析、流程化思考等具体能力。对于一个组织系统来说，评估、判断本系统的价值观及管理原则输入方面的差距更是一个高难度的基本功。

第二个要求是变革管理的能力。每个系统从无到有，或从差变好，一定会涉及变革，而且，一般都会涉及很多领导层人员理念、价值观的变革。这个能力在系统建立阶段或升级迭代阶段中尤为关键。

第三个要求是产品经理视角。思考要系统，但系统的外在表现形式可以看似是点状的、非系统的。为了用户方便，有时候要牺牲一部分全面性。这个产品经理的能力也是变革是否能够成功的关键。我们在后面有一章会专门探讨"化系统为产品"。

第四个要求是专业能力。系统规划设计阶段需要很强的专业能力输入，不然这个组织系统很容易先天不足。没有专业能力的系统负责人，就像一个没有艺术造诣的导演。人员、文化、组织等这类事情，每个人都略知一二，这就使对专业的尊重更难。当然，这些专业能力不一定系统负责人本人具备，但其必须有心胸和能力用合适的方式引入专业能力。

第五个要求是项目管理能力。在建立一个系统的过程中，系统负责人还要做很多短期项目。项目管理也是基本功。

第六个要求是文字能力。文字化会使责任更容易回溯、系统智慧更容易积累、系统交接更顺畅、系统赋能更方便。

系统建立后的日常运营阶段需要的是类似 PDCA 循环的持续改进能力，即运营能力。这个能力也比较重要，但在建立及升级迭代系统的阶段中不是很关键。

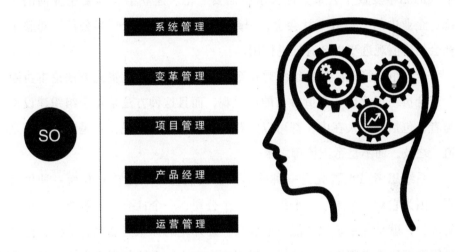

在企业创业初期，很多做得很好的人都是"用行动来思考"或"在行动中思考"的人。但是企业发展到一定阶段后，都会面临如何产生一些思考和行动相对分离的"幕僚型"人才的问题。这个挑战一般与公司要建立一个总部，或者建立中台、后台联系在一起。

建立总部也是公司发展中的一道坎。建立得不好，总部和一线的人互相增加对方的痛苦，公司效率长期阴跌。同样，中台、后台建立得不好，企业也很难取得持续的成功。可以说，系统负责人工作方法论也是总部人员、中台和后台人员需要掌握的基本工作方法。

系统负责人方法论自带的价值观

组织不仅仅是实现业务目标的手段，也是服务于人的手段。建立组织是有点反人性的事情。只有当领导人有了一点超越个体层面的诉求时，他才可能以无我成就大我。以工具主义的态度去对待人及组织走不远。企业最终是人的平台。

一个组织系统就是一个公共空间。企业在产权上可能是私事，但作为一个组织更多是公事。创始人在决定建立组织，为公司加冕时，就如同将个人的私事变成了公事。做公事就需要公德。建立组织需要企业内的公德。企业内的公德放在社会上，只是"半公德"。这个"半公德"对整个社会的价值观进步也会有推进作用。

全员组织管理。建立组织是每个人的责任。系统负责人方法论本身隐含着全员组织管理、全员参与的价值观，而且这种方法是每个组织建设参与者，包括创始人在内，都可以实践的方法。换句话说，它是组织共创之道、之技，而不是帝王统御之术。

系统思考虽然首先是一种能力，但我们也可以把它上升为一种价值观。因为它对一个人、一个组织、一个公司、一个社会都很重要。一个人的成长，就是其系统思考能量的成长。碎片化的知识当然也有价值，但总是需要把珍珠串起来的一些线。对于个人来说，系统负责人方法论是一个可以把碎片化的知识、点状的指令、块状的任务联系起来的工作方法。当然，系统思考能力不能代替战略能力。战略能力需要不同的视角，比如它要更前瞻。

系统负责人方法论会帮助有志于国际化的中国企业与国际企业，尤其是欧美企业顺畅接轨。系统负责人方法论是可以成为共同语言的。

本节作者为房晟陶、樊莉。

用制度规避"群性"的弱点,方可得组织之美

要想把什么事情做好,光有责任感是不够的,还需要点兴奋感。正所谓"知之者不如好之者,好之者不如乐之者"。要想把"组织"这件事做好,最好也要有点"乐之者"的兴奋感。

普遍来看,"组织"这件事,不仅很难让人产生"兴奋感",甚至连"责任感"都很难保证。它最容易让人产生的就是"集体无责任"。对待组织这件事情的普遍现象是:被动应付、认认真真走过场、找人"背锅",即使是对组织的高层人员来说,也普遍是这样。

为什么这件事很难让人有兴奋感呢?甚至连"做好这件事能赚很多钱"这种兴奋感都难以产生呢?

我们观察总结下来有几个普遍的原因。第一,绝大部分人在组织方面没有太多的发挥空间。第二,组织方面的工作会涉及复杂的人际关系,没有谁愿意去干这种费力不讨好的事情。第三,这件事很难,很少有人有这方面的能力和天赋。

于是,我们都乐于把这么有价值的事情留给别人来做。

先说第一个原因。在绝大部分公司中,即使是高管人员,在组织方面的发挥空间也是很小的。做什么事情都是修修补补,不能做自己想做的事情。很多能人在大组织里待不住,一个重要原因就是在组织方面的发挥空间太小。于是他们要么自己出去创业,要么就去一个自己在组织方面有很多发言权的地方。

一些公司在组织方面不仅没有给人留下发挥空间,而且对于发挥失误

还会有巨大的惩罚（以及机会成本）。

在一些组织里，员工不仅会经常受罚，还要经常性地支持创始人兼 CEO 的任意妄为，认认真真地鼓掌，心甘情愿地"背锅"，而且，还不能批评，如果批评了，那就是妄议，就是不能与创始人同频，就是边缘化的开始。注意，这里不是要把所有责任都往创始人兼 CEO 身上推。他们也是人，在组织方面也经常无能为力。

这种在组织方面巨大的权力不平等，即使是对高层人员来说，也难以让他们产生存在感、责任感，还怎么可能有兴奋感。连高层都这样，中层、基层就更不用说了。

于是，大家怎么办呢？随波逐流，大智若愚；在某些可衡量的具体业务方面把自己变得不可或缺；静静地等待组织危机来引导；如果老大没有体现出真正的承诺（比如经历了真正的痛），就绝对不真做动作（偶尔可以做点假动作试探一下）。

第二个原因，组织工作肯定会涉及复杂的关系。世界上最难的事情有两件：一件是把别人兜里的钱弄到自己口袋里，另一件是把自己的思想装到别人的脑子里。

组织这种事，就涉及把自己的思想装到别人的脑子里。做这种事，就意味着"冲突"，而且是深层次的"冲突"。

你算老几啊？凭什么"约束"我、"改造"我？

怎么办呢？难得糊涂，把自己的小圈子弄得温暖一点，不要蹚那趟浑水，活得简单一点。

第三个原因，即使有一个能给人发挥空间的创始人兼 CEO，兴奋感也不容易产生。因为做组织这方面的工作，还是需要一些特别的能力和天赋的。没有这些能力和天赋，即使能看到可能的巨大价值，也很难产生兴奋感。都需要哪些天赋呢？我来列举几个。

首先，这种人要对思想权、价值观权有兴奋感。如果其只对行政权感兴趣，这个人多半不会对组织这种事感兴趣。当然，对思想权、价值观权有兴奋感，还得有相应的能力。比如，他们必须对思想及价值观非常敏锐，善于看到别人看不到的那些虚无缥缈的东西；还有，能说、能写对于思想权、价值观权来说就是基本功，不能说或者写，做组织这种工作挑战有点大。

其次，他们要善于从长期结果中获得成就感。他们要向往和享受那种运筹帷幄、决胜千里的感觉。如果这个人不能延迟满足的话，组织这种事就是个极大的煎熬。与此相关，对系统化的东西没有感觉，只追求"人情练达即文章"的人，经常会错误地认为自己很有天赋。他们可能有人际敏锐度的天赋，但不一定有组织方面的天赋。

最后，这种人要"雌雄同体"。那些把组织方面的工作认知为女性化工作的人，不会对组织这件事情产生兴奋感。

用"天赋"这个词看起来有点大。其实一点都不大，不然，每个创始人兼 CEO 就都能建立一个优秀的组织了。在这方面没有努力过的人，一般不愿意承认天赋的重要性。

说了这么多，我想强调的无非就是，"组织"这件事不仅很难让人产生"兴奋感"，甚至连"责任感"都很难保证。这是我越来越认识到和承认的"事实"。

这意味着什么呢？这意味着我们要放弃建立组织的努力吗？绝对不是。

这意味着，要想建立组织，不能仅仅依赖动之以情、晓之以理、打开理念、提高能力，必须加上规之以矩、绳之以法，用制度来规避人性的弱点。更准确地说，应该用制度来规避"群性"的弱点。

当然，这个制度一定要由一把手发起，并且首先用在一把手自己身上；这个制度要"责任均沾"，大家共同蹚这趟浑水；还要有明确的衡量标准和足够力度的奖罚。

"用制度来规避群性的弱点"并不意味着对人性的否定和失望。反而，这代表着对人性的更深入理解。过于理想主义也是对于人性的曲解。

系统负责人制的目标就是这样一个方法论。把系统负责人方法论变得更刚性一些，上升为公司的工作制度，就变成了系统负责人制。

简单打个比方，通行的组织结构设置方法基本上让身体的每个部位（头、躯干、四肢、毛发等）都有了责任人，但是没有让关键的系统（比如神经系统、消化系统、呼吸系统）有负责人。于是，这个组织表面上看起来有了"人形"，但并不具备人全面的"功能"。系统负责人制就是要让影响组织的关键组织系统都有人负责。当然，不仅大系统有人负责，组成大系统的各个部件、器官也要有人负责。

系统负责人可以解决一个关键问题：如何既负责局部，又有全局视角。试想一下，如果你负责一个"神经系统"，你负责的是不是"部分"？但是这个"神经系统"遍布全身，所以，在负责这个组织系统的过程中，你必然会发展出全局视角。这不正是创始人兼CEO对每个高管的要求吗？

系统的关键词是"功能"，而不是"产出"（流程一般用"产出"）。比如，消化系统的功能是将食物转化为身体所需要的养分，而消化系统的产出（排泄物）只是形成其系统功能必要的一部分，如果用产出去指导消化系统的建立就有点偏了。

建立组织，就是建立若干个有功能的组织系统。创始人兼CEO就是所有组织系统的总导演、总设计师。他要让所有关键的组织系统都有责任人，达到每个组织系统的功能目标，以及相互协同的目标。组织系统的功能可以有定性及定量的衡量标准，这样就可以每隔一段时间衡量每个系统功能的发展、进化情况。这些发展和进化的情况就可以用来衡量系统负责人的绩效和贡献。

系统负责人不需要专职设立。系统负责人制就是要让每个人（尤其是每个领导）都成为"斜杠青年"：既是某个业务环节的负责人，也是某个组织子系统的领导人。无论是总部的人还是一线的人，无论是前台、中台的人还是后台的人，都可以成为系统负责人。当然，中台、后台的人员承担系统负责人职责的机会会更多一些。

本节作者为房晟陶。

投资及创作你的"抓手级"组织系统

那么多组织系统（四类十大组织系统），每个都要建吗？如果用人体作为类比，确实每个系统都必不可少。

但是一个企业组织远没有人体复杂。每个系统都开工，虽然精神可嘉，但效果不一定好，而且资源上也不太允许。

在选择组织系统建设重点时，必须要有投资的心态、战略的眼光。如果能把少数几个战略性系统做好，骨架就有了。这是因为组织系统有个特点：任何一个系统，都会涉及大部分其他系统。认识到这个特点，事情就没有想象中那么复杂了。

以简单的管理培训生系统为例，它是人才选育用留系统的一个子系统。要想把这个系统做好，就要涉及人员标准系统、薪酬系统、职业等级系统、入职培训系统、晋升系统、绩效管理系统、一对一沟通系统、轮岗系统等。在把这个战略性组织系统做好的过程中，其他相关系统都会被有机地联系在一起。

所以，如果你能以投资的心态选定一两个战略性组织系统，持续投资，假以时日，组织就逐渐有模样了。升级迭代组织的时候也是这样，在一两个组织系统上取得改进，然后升级迭代相关的系统。

为什么要用投资眼光呢？这是因为任何一个战略性组织系统的建设都需要长期的关注及投入。投资就有风险。风险包括选错了战略系统、选错了系统负责人、选错了时机等。

还有另外一个好消息。由作为社会动物的人组成的组织有一些其他特点，就是价值观的传染性以及组织的自组织特点。如果创始人能够在一个组织系统中输入明确、有效的价值观及管理原则，他就会发现这些价值观及管理原则会以惊人的速度被复制到其他组织系统中。

举例来说，如果你的管理培训生系统做得比较好，你会发现这里面的一些价值观和管理原则会比较容易地被移植到战略性高层人才招聘、其他社会招聘等相关系统中。

换句话说，如果创始人能够在一个重要的组织系统上建立案例，就会给很多其他组织系统提供自生长的基础。

从技术角度看，放在一大类里面的系统（比如都是人才及知识类的）相互借鉴的作用强一些。如果是不同类的，相互借鉴的作用会比较弱。这意味着，创始人需要在四大类组织系统中各选出一个重要的子系统（即人才及知识类选一个，文化管理类选一个，任务协同类选一个，组织进化及领导力类选一个）输入一些明确有效的价值观及管理原则，这个组织应该就很不错了。

当选定了战略性组织系统之后，就需要构建具体的施工图。

具体来说，施工图就是围绕这个战略性组织系统的主线，选择其关键的二级、三级系统。每个战略性组织系统之下的二级、三级系统也都要有系统负责人，并有各自的项目推进计划。这样的一个施工图实际上就是由多个项目管理计划组成的。

战略性组织系统的负责人，可能是 CEO、首席组织官（COO）/首席人资源官（CHO）、首席运营官（COO）、首席战略官（CSO）等。

当然，有组织天赋的企业家可以做的绝对不仅是"选择"系统。他们应该去"创作"本企业独特的系统。

什么样的系统最有意思？结合了业务与组织，兼顾人员、文化，甚至包含数据、跨边界、有自己独特衡量指标体系的系统。这种系统才是企业不可复制的竞争力。当然，这种系统已经不是纯粹的"组织系统"了。不过,叫它什么已经不重要了。

这种"创作"也可以解决自我激励的问题。很多创始人都觉得管理组织方面的事情让人很烦,最好能找个人做。另外,有些创始人也经常被批评在组织方面做得不好。久而久之,创始人对组织方面的工作完全失去了兴趣。用进废退,他的能力也越来越萎缩。最终,他会整天埋怨组织的各种不顺眼,但组织不会因此而有半点改进。

其实,组织工作可以很有趣。设计符合自己企业情况的独特"系统"是一个既需要创业也需要创作的过程。这个创作的过程会挑战你各方面的能力,升华你对世界的理解能力。如果创始人能够对自己狠一点,在某个战略性组织系统上死磕一段时间,其实也没有那么难。

当然,做这件事情,一般应该是在解决了"活命"问题之后。结合对行业的洞见、组织的特点、创始人对自己深刻的了解,创作出这样一个战略性系统。这才是高级的、真正的战略。

创始人在创作战略性系统的过程中,也就创作了可以传世的组织。创始人的精神和生命也通过这个组织得以传承和"永生"。退一步说得俗一点,创作了这样组织的人,他的企业的价值也会以几何级数提升。看不懂这一点的创始人,过的是虽然牛但是浑浑噩噩的一生。当然,不仅创始人需要创作,具体的组织系统负责人也需要创作。目前,大部分企业最需要的角色就是"系统创作人",尤其是一级系统的创作人。"系统创作人"就像是导演。创始人兼 CEO 既是投资人又是制片人。导演、投资人、制片人之间能否顺畅合作又是一个额外的挑战。

本节作者为房晟陶。

"化系统为产品"及创新型组织形态

"化系统为产品"是系统负责人的基本功

"系统"这两个字容易给人复杂、庞大、控制、严密、传统、自上而下的感觉。

很多公司提供的产品和服务的特点决定了它们需要非常严密的组织系统及业务流程。但有些行业或行业发展阶段更需要"敏捷组织";即使是严密组织的初期快速发展阶段也需要敏捷组织的状态。敏捷组织需要的是短小精悍、快速迭代,甚至是点状的组织系统。

系统负责人方法论必须灵活运用。比如,系统负责人的结构可以有所不同。有一种结构是整个公司每个重要系统都有唯一的、权威的总负责人,其他人都是系统的使用者,只有总负责人有权力对系统进行修改,其他人只能提供建议。无疑,这样的组织是偏传统而严密的组织。但是,也可以没有权威的、唯一的系统负责人,而是有多个互相之间甚至有竞争关系的系统负责人。从外界来看,这些系统之间的不统一会让人感到混乱和迷惑,但这正是其生命力所在。这就是我们经常听说的"去中心化",带有强烈的"自下而上"的革命气质。

如何既系统,又能敏捷?"化系统为产品"是系统负责人新的基本功。

要想有产品视角,当然要有专业能力,但更难的是客户视角、用户体验视角。比如说命名:系统的命名可以体现产品视角。好的命名会传递很多信息。又比如说系统内有形的工具:这个有形的工具是否简单易用体现产品视角。这个有形的东西可以是面试评估表,可以是自查表(checklist),或者只是个标识,等等。这些简单易用的工具背后是系统的思考,但在表现形式及客户界面上是个短小精悍的点。

短小精悍的点状系统还有另外一个好处,就是其传承成本降低、颠覆成本降低。传统而严密的组织体系很难被颠覆,因为这对颠覆者的革命能力要求太高了。短小精悍的系统的负责人没有那么大的"自我"需要保护。一个系统在没有积累成组织传统之前就已经被颠覆了。当然,这么做的弊端也很明显,就是一些基础性、战略性的系统难以建立。

"化系统为产品"是一项新的基本功,而不是对系统本身的替代。

系统负责人有了产品视角,会降低变革管理的难度,尤其是当现有组织已经积累了很多问题但又在快速发展的时候。组织系统的客户和用户根本没有时间停下来,先系统评估、再初步设计、再教育培训、再试行、再评估、再详细设计、再大面积推广,等等。这是个传统的过程,难以满足客户对速度的要求。系统负责人必须学会在行进中换车轮。

"系统性"很多时候是系统设计者自己的需要,而不是用户及客户的要求。客户需要的是解决问题,而不是"系统性"。传统的系统负责人倾向于假设系统的用户不具有自生长能力,所以要设计一套严密的系统,降低对他们的能力要求,顺便也带来了控制。但是,现在的员工已经有了很强的自我赋能能力、自我链接能力,独立意志更强,依附性更弱。如果系统负责人能够在关键点上提供一些产品赋能,则一方面可以保障系统的产出,另一方面可以给用户留下很多自由度。这些自由度一方面提高了用户体验,另一方面留下了创新的可能。

创新型组织形态与组织系统

弗雷德里克·莱卢在他的《重塑组织》一书中把组织分为了"红色组织""琥珀色组织""橙色组织""绿色组织""青色组织"这五个从低到高

的发展层次。"红色组织"发展阶段最低,就像狼群,像黑帮。"琥珀色组织",有了进步,像金字塔,像军队。"橙色组织"更进一步,像高效的机器。"绿色组织"比橙色的"类机器"组织拥有更多授权及更价值观驱动。

他的书在介绍和提倡"青色组织"。"青色组织"的核心特点是"组织被看作一个使命不断进化的生命体"。

我们所描述的系统负责人方法论与"青色组织"这些比较前卫的组织实践并不矛盾。区别不在于有没有组织系统,而在于组织系统的实质是什么。比如,与一个"类机器"的"橙色组织"一样,一个"青色组织"也是需要使命、愿景、价值观的。不过,使命、愿景、价值观产生的方式非常不同:一个"青色组织"的使命、愿景、价值观是组织的成员共同创造及自然进化出来的,而一个橙色的"类机器"组织往往是企业的创始人及高管讨论制定出来的。"青色组织"也需要人员调配系统,但是这种调配系统不是由权威的上级来决定的,而是由团队自己来决定的。

所以,组织系统的概念仍然适用,而且我相信,这些组织由"橙色"变为"绿色""青色",背后的关键就是这些组织系统在新的、革命性的价值观输入下的升级迭代。

系统负责人方法论是否适用于那些边界不再清晰的组织以及最近经常被谈论的生态型组织?

建立跨组织边界的系统会产生新的竞争力。这就要求组织的使命不仅要对本组织的员工产生影响,还要与组织边界外的关联方产生共鸣。边界内的组织与边界外的组织不再是传统的客户与供应商关系,而更多是命运共同体关系。动员与联合要成为组织的关键能力之一。在某些行业内,不能完成这一认知跨越的公司将会失去竞争力。

这一点在非营利领域中体现得很明显。很多非营利组织的全职人员很少,组织外围参与实现本机构使命工作的人远远多于组织内的人员。所以这些非营利组织的使命不仅是写给组织内人员的,更重要的是写给组织边界外人员的。这个领域天生就得像是一个生态型组织。将这些独立的组织彼此联系起来的首先是价值观。在这样的生态里，竞争不再是你赢我输的游戏。它们欢迎同道中人的参与。有事则聚，事毕则散，你方唱罢我登场。虽也有小小竞争，但动员和联合是主流，集体行动是高潮。在这种生态里，组织系统的存在形式发生了变化，但组织系统这个概念并没有被消灭。

对于企业来说，在未来一段时间内，信息及数据类系统打破边界会带来巨大生产力。"数据"具有天然的无边界性。当然，很多人会说数据不是"组织"而更多是"业务"，我觉得数据既是业务也是组织。

另外，系统负责人方法论是否更适合"实体经济转型升级"而不适合"新经济"？我相信新经济组织也可以从此方法论中汲取很多营养，尤其是当它们过了快速抢风口的阶段，需要持续提供高品质、低缺陷率的产品或服务的时候。到那时，它们还是需要一些更严密的组织系统的。

即使在抢风口阶段中，只需要着重于"人员"及"文化"，在"人员"及"文化"背后也需要一些短小精悍的组织系统的支持。虽然这些短小精悍的组织系统可以是点状的，但这些点状系统的竞争力也很关键。做得不好，会给未来的升级预留很多坑。还有，有些新经济组织因快速壮大，组织问题积累也很迅速。它们很快就会遇到组织升级的压力。换句话说，它们很快就会遇到组织升级迭代的"传统问题"，甚至很快就到"中年油腻"的状态。

判断这个系统负责人方法论适不适合的最重要因素不是行业，不是新经济或传统经济，甚至不是组织类型（如营利还是非营利），而是创始人本人的价值观及组织方面的能力特长。

最后总结一下：本章用六节的篇幅阐述了首席组织官、系统负责人/系统负责人方法论/系统负责人制、组织创业及创作这几个概念。如果一个公司在组织建设方面遇到了困难，一般都可以在这三个方面找到人方面的根本原因。希望这些"秘诀"能够对组织领导者有所启发。

本节作者为房晟陶。

第 3 章
· CHAPTER3 ·

建立组织的手法及策略

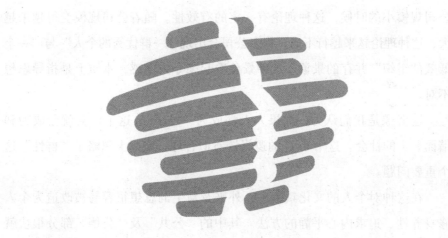

建组织要先 to B 再 to C，
先"公正"再"仁爱"

"道德的个人"与"不道德的组织"可以并行不悖。

这里所说的 to B 和 to C，用在组织发展中，更准确的表达是"对群体"和"对个人"。

很多老板实际上都在以 to C 的思维去管理组织。他们想象着，如果每个人都是积极肯干的人才，这个企业就会自动成为一个高效的组织。在公司规模小的时候，这种理论有一定的有效性。随着公司规模变得越来越大，这种理论越来越行不通。很多公司会出现"一群优秀的个人"与"一个低效的组织"并存的景象。这种景象看起来令人迷惑，本质上是指导思想不对。

这就像是我们认为，如果人人都成为"君子"，这个社会就会成为和谐而公正的社会。这个 to C 的逻辑链看似合理，实际上忽略了"群性"这个重要问题。

在这种对个人的文化氛围下，外来及新生的思想很容易被改造为个人修身养性、追求内心平静的方法。其中的"公共"及"公德"部分很快就会被打压及筛选掉。偏 to C 的伦理学实际上取代了宏观的政治学、社会学、法律等，成了很多中国人潜意识的组织方法论。

to B 与 to C 的区别在概念上很容易理解，但在实践中两者之间有一个难以轻易跨越的鸿沟。这就像有些企业擅长 to C 的业务但很不擅长 to B 的业务一样，想从一个 to C 的心智模式转化为 to B 的心智模式也是非常困难的，反之亦然。

下面我们来扫描一下组织中 to C 的思维模式在现实生活中的一些表现。

有些领导在小范围内（一对一、几个人、酒桌上）是个非常好的沟通者，语言生动、界面友好、风趣幽默，但进行公众演讲及撰写面向一大群人的文章对于他们来说很难。他们很难去把握及兼顾不同群体的不同诉求，所以干脆就回避这样的场景和任务。

to C 型管理人员（比如 HR）很善于领会老板的意图，人情练达，很容易成为老板的"心腹"，但在思考组织问题时，好像立刻就缺了根弦。比如，只能看到人的能力和情绪，但看不到人背后的流程/机制/系统，而且，人群大了，想做到人情练达也是不可能的，维护了这个可能就得罪了那个。让老板满意了，高管可能对你有意见。同样的道理也适用于 to C 型的老板。他们很讲义气、出手阔绰、酒德很好、经常掏心掏肺。通过这种方式建立起一个"大秤分金银，大碗吃酒肉"的团伙还可以，但组织大了之后，这种"美德"反而会逐渐成为建立组织的障碍。过去的兄弟会渐行渐远，陆续离开，而这种老板也很自然就把这种离开定义为"背叛"，甚至原来称兄道弟的哥们一离开，立马就变成了仇人。

不能否认，这些人在"个人人品"方面是不错的，你也可以感受到他们很真诚地"为你好"。但面对一大群人的时候，以"为你好"的态度为指导思想是走不远的，其结果必然是"有等差"的爱。人群大的时候，要求每个人做到"不伤害"他人权利是更有可能的。"为你好"就是偏 to C 的原则，"不伤害"就是偏 to B 的原则。

偏 to C 型的人，在与他人没有"特殊关系"的时候就会感觉到"不安全"。你要是没有跟他喝过大酒、掏过心窝子、表过忠心，他就觉得你不是他的人。偏 to B 的人，一般会先小人后君子，如果在 to B 的层面没有默契，就不会发展个人关系。对他们来说，"公共规则"先于"个人感情"。反过来，偏 to C 型的人倾向于先千方百计建立个人关系，然后在 to B 的时候对规则就很随意了。对偏 to C 的人来说，个人感情和关系重于公共规则。一般来说，to B 的人会很客气、很职业，职业到了让人觉得有点冷冰冰的程度，到了让人无法交朋友的程度。但结果会怎么样呢？一般他们会更守规矩、更有原则、更清廉。

在浓浓的 to C 组织氛围下，"聪明人"都知道做 to B 的事情费力不讨好，所以他们尽可能避开那些"对群体"的事，像食腐动物一样耐心等候那些幼稚的去承担 to B 职责的人最终倒下。

to C 型的领导特别喜欢把问题都归结为人的问题，而不去反省流程、机制、系统的问题。于是，形势好的时候把人捧上天，形势不好时把人砸进地下三尺。

很多公司的培训体系也基本上以 to C 为基调，比如"提高你个人的领导力""自我认知""影响力"等。即使是非常优秀的公司，其培训体系中往往也会缺少 to B 这类培训，比如"罗伯特议事规则""组织绩效模型"等。

如此种种，都在以 to C 的思维定式影响和阻碍组织形成。建立组织当然也需要 to C。如果忽视 to C，很容易出现一方面宣称尊重人性，另一方面却在做着伤害个人的恶行。我们需要管理 to B 和 to C 之间的张力。建立组织，尤其是大组织，首先是 to B，然后才是 to C。

从政治视角看，组织是博弈及权力制衡，所以要先进行公司治理再进行人员管理；从社会视角看，组织就是信仰，所以要塑造共同的价值观；从工程视角看，组织就是系统，所以要规划功能，梳理流程，建立机制；从法律视角看，组织就是规则和强制，所以要建立制度和监督执行。

以上这些视角都是偏 to B 的视角，而不是偏 to C 的视角。如果没有公司治理、共同的价值观、有功能的系统、规则和强制等这些 to B 的前提，那些 to C 的管理手段、人际技巧、个人品德的作用会极其有限。

to B 需要的情感首先是"公正"，to C 首先需要的是"仁爱"。先 to B 再 to C 就是先"群体"再"个人"，就是先"公正"再"仁爱"，先"大爱"再"小爱"，先"普遍主义"再"特殊主义"，先"宏观"再"微观"。

to B 与 to C 并不是矛盾的。先 to B，再 to C，目的也是让更多的个人在群体里面获得相对最优解，让更多的个人遇见更好的自己。没有 C 的发展，B 存在的意义也不大。

在从"团伙"到"组织"的进化过程中，创始人及领导团队要有一个从 to C 到 to B 的思维转化过程。怎么样才能实现从"对个人"（to C）到"对群体"（to B）思维模式的转变？多学习一些宏观学科，比如政治学、社会学、法学、公共管理学等。心理学、教练技术、"心学"等这些学科或流派都很重要，但若没有前面那些宏观学科的基础，只会事倍功半。

本节作者为房晟陶。

专业多一分,组织里的"宫斗政治"就会少半分

最近这些年,宫斗剧动辄就火得一塌糊涂。很多人从中汲取着营养,成长为世事洞明、人情练达、如鱼得水的"宫斗剧政治家"。这些宫斗剧算是最成功的"知识付费"项目了。

我相信,绝大多数人都不会喜欢身处一个充满复杂人际关系、人治、小帮派、任人唯亲、腐败等现象的组织里。在目的相对单纯的企业组织里面,绝大部分员工更期待一个简单的组织环境。

怎样才能减少企业组织中的宫斗政治?我能想到的最重要的方法就是:化政治问题为专业问题。组织工作多一分专业,组织里面的宫斗政治就少半分。

为什么这里不敢说"专业多一分,政治就少一分"呢?因为两者确实不对等。政治挥手就来,专业需要持续积累。另外,组织这种事,每个人都略知一二,要想让人把它当成一个专业对待非常难。所以,专业多一分,政治能减少半分就已经不错了。

如何在组织工作中多一点专业?

最重要的是先理解组织这个专业的特点。组织这个领域主要属于社会科学而不是自然科学。而我们对科学的理解基本都是对自然科学的理解。自然科学相对黑白分明,但是社会科学很不一样。

社会科学的重要特点就是"统计概率"。社会科学的结论不能用反证法去证伪。

拿"看人"这件事来举例说明一下这个特点。公司 A 的老总是一个在

看人方面天赋异禀的牛人。公司 B 建立了一个基于素质能力的招聘系统：也就是整个公司基于"素质能力"这个专业方法论，发展出统一的招聘标准；基于这个标准，建立相应的面试流程、表格、决策权限分配；培训中高层经理使用这个招聘标准；根据招聘的结果持续改进这个标准；这些要素加在一起共同形成了一个不依赖某个牛人的"招聘系统"。

在判断任何单个人的时候，公司 B 的招聘系统都可能不如公司 A 这个天赋异禀的牛人老总看得准。牛人老总凭借多年的经验，可以把某个人看得"透透的"，而这个基于素质能力的招聘系统在看单个人的时候可能会错得离谱。

也就是，在 1 个人规模的时候，牛人老总的成功率可能接近 100%，而招聘系统则是接近 0，牛人完胜。但是，这个招聘系统跟你比的可不是这个。你不能凭借自己对一个人看得奇准来证明这个专业系统是错的。你要非这么做，就是在用"反证法"来否定社会科学的"统计概率"。

在 10 个人规模的时候，牛人老总能看准 5 个，成功率为 50%。这个专业系统只看准 4 个，成功率为 40%。50% 对 40%，牛人老总仍然占上风。

在 100 个人规模的时候，牛人老总很努力地工作，看对了 40 个。专业系统也能对 40 个。成功率都是 40%，两者打平了。

到 1000 个人规模的时候，一个基于素质能力的招聘系统还能保证 40% 的成功率，即看准 400 个，而牛人老总费了九牛二虎之力，也只能看准 300～400 个，而且其中一部分还会被"县官不如现管"的其他高管干掉，因为这些高管每个人都有自己用着顺手的标准。这时候，专业系统开始明显反超了。

而且，如果只依赖牛人老总的眼光，到了这时候，用人方面的很多宫斗政治已经普遍开始了。你看着我的人不顺眼，那你给我找人吧。我可以轻松让你给我找的人在我这儿混得无比失败。然后，你再怎么办？你把我换了？可以啊，我这儿的一帮兄弟都会跟我走。

到 10 000 个人规模的时候会怎么样？不用说了，专业系统完胜。牛人老总那里的宫斗政治已经积重难返了。

有人会挑战说，我在 100 个人规模以下的时候，就已经把你打得落花流水，你根本没有去选用 1000 个人和 10 000 个人的机会。关于这个，你确实是对的。这也是专业的局限性。一个组织在幼年期和童年期，企业家的直觉、行动力确实是成功的关键。这个阶段的成功有很多偶然性，不能迷信专业。不过，到青少年期的时候，你就得开始转化。到了青年期的阶段，如果还沉迷于童年期以前的成功经验，你就是在刚愎自用。知道什么时候该注重专业，就是组织这个专业的一部分。

要是想让组织工作多一分专业，就得讲三分学习。没有学习，哪里来的专业？

但对于老板来说，学习的目的首先不是要掌握某个具体的专业技术，而是要掌握"统计概率"这个重要特点。没有这个理解，很多老板（以及老板周边的人）很容易把不讲理、缺乏耐心美化为"领导魄力"。在理解了这个特点之后，老板更可能对"专业方法论"做出价值判断。换句话说，在组织方面，老板最大的不专业就是不尊重"专业方法论"。

然后，老板的专业就要体现在创造一个尊重"专业方法论"的组织氛围上。因为要想实现这种"统计概率"性质的"专业方法论"的价值，整个组织都需要一点"简单地相信，傻傻地坚持"的精神。组织工作中这些方法论一方面是专业，另一方面更重要的是纪律。比如，看人的方法有多种，大家要不要统一选用一种最适合本企业的？不然，你用性格测试，我用学历，他用素质能力，领导用生辰八字，这事怎么办？本来可以用专业和纪律解决的问题，逐渐就变成了政治问题。

再比如，看组织问题有很多模型，是用麦肯锡的 7S，还是用 IBM 及华为的 BLM？顺其自然就会导致鸡同鸭讲，各说各话。专业问题又变成了政治问题。无论是看人还是看组织，没有哪一个专业方法论是完美的，是可以彻底碾压其他套路及模型的。但是，因此而允许整个组织没有共同语言，是一件相当不专业的事情。

以上是老板要做的重要功课。高管要做些什么以增加组织工作的专业性呢？

第一，千万别把职业当专业。职业的很大一部分是程序化，而程序化本身不是专业。程序化的人的典型表现是这样的：你问他如何把大象放进冰箱，他会告诉你，先打开冰箱门，把大象塞进去，再把冰箱门关上。这在程序上非常完美，但就是不能解决问题。单纯的职业不是专业。甚至可以说，职业与宫廷政治之间就是一步之遥。

第二，做组织工作难免需要跟人打交道，人际关系能力是不是专业？我认为尽量不要把它当专业。你要是人际关系能力不怎么样但还能增加价值，那才是专业。当然，这不是要求你变成一个令人讨厌的人。专业+善意还是必需的。

第三，见识也不是专业。听过、知道、见过甚至体会过也不是专业，而是"见识"。这特别适用于那些从大企业出来的经多见广的人士。只有你"创建"过，那些"见识"才能转化成专业，不然"纸上得来终觉浅"。

第四，单纯的专业本身很难起作用，因为组织问题都是系统问题。专业只是系统中的要素/部件。不善于建立组织系统，有要素/部件层面的专业也没有什么用，而且经常有怀才不遇之感。建立组织系统是更大的专业。

第五，专业还必须结合创业。阳春白雪的专业工作得做，下里巴人的脏活累活也都得干。举个例子，设计能结合战略需要、业务特点、组织现实的面试标准有点专业含量，但是按照这个标准去培训100个面试官，面试1000个人就是"脏活累活"了。但是这个脏活累活得干，也非常有价值。不经脏活累活的检验，专业就不会转化为生产力。

专业能力、系统能力、创业精神三者结合起来才能创造价值。创造价值才是专业。

凡此种种,有很多让组织工作更专业的思路和方法。专业多一些,宫斗政治就少一些。宫斗政治少一些,我们的生活质量就高一些。

最后我得强调一下,我们的目的不是清除组织中所有的政治。有人群的地方就有政治。任何想消灭组织中政治的意图,本身就是不专业的,是乌托邦的幻想。我们能做的是减少宫斗政治的量以及控制其负面影响。

本节作者为房晟陶。

野蛮成长不是忽视组织建设的充分理由

很多人认为在野蛮成长期"做业务"是关键,"建组织"这样的事情等做大做稳之后再说。这种看法对吗?我不太同意。

首先,别以为只有你经历了野蛮成长,别人都过得是正常的、快乐的童年。哪个成功的公司没经历过野蛮成长期?你可能说,我们行业不一样。你所处的行业也不止你一个公司。**长期发展得好的公司,哪个不是在组织上有独到之处和先见之明?**

其次,别以为过了野蛮成长期,你就有时间搞组织建设了。你原来没时间搞组织,等公司规模大了,可能更没时间搞组织:忙完了这一阵儿,总是有下一阵儿可以忙,而且,当你有时间搞组织建设的时候,"组织"这个东西已经强大到你搞不懂、搞不动了。就像孩子都要上高三了,你才想起来去培养他的学习习惯,已经晚了。

还有,别总怪资本。资本的天性是贪婪、冷漠与短视。这个大家都知道。不过资本有一点好处,就是它对每个企业都是公平的,不可能出现它对你特别贪婪和短视,而对别人特别温情和长远。用钱的时候你特别爽,却回过头来怨恨资本裹挟你只顾业务不做组织,是不是有点不太地道?

如果你是商业模式+资本运作的天才,通过业务上的发展规避了组织上的挑战,恭喜你,你可以高兴一阵儿了。不过我估计,与组织没有交融的商业模式,护城河也不会怎么深。被攻陷是迟早的事,不是被竞争对手攻陷,就是被监管攻陷,甚至是被资本攻陷。当然,如果你就想追求轰轰烈烈,你也算成功了,聊天结束。还有,如果你只是想着赚一把之后就脱离实业去做投资，决定不投资于组织，我也就不多啰唆了。

对于还在试图探索在野蛮成长期组织建设之道的企业家，我提出一些思考和建议供参考。这些思考和建议不求系统全面，但求启发思考。

组织的人数与组织的复杂度并没有必然的关系。别用人数吓唬自己或者抬高自己。很多在人数上野蛮成长的公司，岗位数并没有迅速增加。比如，电销、地推、客服等这种岗位最容易堆积人数，但对组织管理难度的影响不大。还有，一般来说，可以迅速、大量增加人数的岗位，专业技术含量都不会太高。另外，一个公司即使人很多，基本组织单元也有可能不多。比如，一个类连锁企业（不管是互联网的还是传统行业的），基本组织单元就是一个门店以及由多个店组成的一个区域。

比人数的野蛮成长可怕得多的是，一个公司从来没有认真、深入地研究几个人数众多的典型岗位的特质要求、任务要求、价值观要求，更没有认真、深入、动态地研究一个组织单元的运作规律，然后就在那儿以野蛮成长为由原谅自己在组织建设上的各种不足。

真正的挑战在于中后台（含总部）那百十来个岗位。但我敢说，绝大部分单业务公司中后台的关键岗位不会超过100个，尤其是在所谓的野蛮成长期。100来个岗位的组织都搞不定，换人、换思想吧（包括换自己的思想）。

另外，敢于迅速大量增加人数的公司很多都是在提供"非人命关天"的产品和服务（比如中介性的服务），所以才敢"萝卜快了不洗泥"。你要是造飞机的，你敢不经各种严格测试，就让客户去试坐，帮你完善业务模式？如果你是开餐馆的，一个食品安全事故就可能导致餐馆倒闭，你敢野蛮成长？有些产品及服务的性质大大降低了对组织严密度的要求，从而也降低了组织难度。人再多也就是乱点而已，不是生死问题。

野蛮成长期内还有另外一个有利条件，就是当时并不需要所有的组织系统都同时建。就像一个胎儿的成长规律，某段时间是某几个系统（比如神经系统）的重要成长期，而不是所有系统都同时、等比增长（比如胎儿的神经、呼吸、骨骼肌肉、泌尿、消化等系统不是同时、等比增长的，而是有一定的先后顺序和规律的）。组织也是由若干组织系统构成的，虽然没有那么整齐划一的发展规律，但不同的组织系统确实可以有阶段性重点。选择对了，建立组织的工作也会事半功倍。

与此相关，还得说一下，有些创始人兼 CEO 所说的"做业务"分为两种：一种就是纯粹为了增长数字的做业务；另一种是边做业务边建立业务系统的做业务。如果是后者，在野蛮成长期只重视做业务的错误还没有那么大，因为建立业务系统也是建组织的一部分。

在野蛮成长期内建组织的另一个关键点是创始人兼 CEO 必须动员组织里面的精英人群参与组织工作。及早建立一个强大的人力资源部固然重要，但组织工作远远不仅是人力资源部的工作。不懂组织以及排斥组织工作的人也没什么培养前途（技术天才类人员除外）。对骨干既要求发展业务也要求发展组织，是一件一举多得的事情。但这方面的认识及决策必须由一把手来实现。甚至为此有些公司把人力资源部降维为人事行政部都是个可行的策略。这样一来，业务经理没有指责和甩锅的对象，反而可以倒逼他们履行组织管理的责任及提高自身能力。

另外，建组织不仅是个重视不重视的问题，背后还有更根本的世界观、价值观问题。我观察到，很多创始人兼 CEO 以及他们的投资人的领导力审美处于《三国演义》里曹操的水平。曹操认为"夫英雄者，胸怀大志，腹有良谋，有包藏宇宙之机，吞吐天地之志者也"。这个流传很广的标准实际上是很多"奸雄"和"枭雄"的领导力审美。我得承认，秉承这种标准的人是很"聪明"的，他们谙熟在目前这种社会环境下的"成功之道"。但对于这个标准我并不欣赏，因为我认为它缺了"敬天爱人""格物致知"这两条。在这种价值观指导下，"奸雄"和"枭雄"也会建立"组织"，但是我总觉得那种组织更像是"利益团伙"。但我不欣赏又怎样？只能"敬而远之"而已。曹操还在那儿"冢中笑尔书生气"呢。

关于在野蛮成长期建组织，我再提最后一点，有点偏理念：拥抱张力，而不是试图消灭张力。"业务"和"组织"之间有着永恒的张力。组织和业务就像太极中的阴阳变换关系，组织问题会转化为业务问题，业务问题也会转化为组织问题；组织方面做得好，会减少业务方面的压力；业务方面做得好，也会减少组织方面的压力。

更具体来说有两个张力：一个是"结果导向"与"注重过程"之间的张力；另一个是"从问题出发"与"以终为始"之间的张力。试图用"结果导向"去覆盖"注重过程"，初期很爽，但更大的问题很快就会涌现。同理，试图用"从问题出发""逢山开路，遇水搭桥""行动先于思考""摸着石头过河"的人才审美去排斥那些擅长"以终为始""谋定而后动""讲究专业"做事风格的人，初期也很爽，但是很快就会付出代价。在这两组张力关系中，"结果导向"和"从问题出发"是非常容易取胜的。在这两个维度上，创始人兼CEO必须实现平衡。这种平衡不是平庸的平衡，而是两极都很高的平衡。真正的高管、将才，都必须在这两个维度上通过长期的修炼实现平衡。如果"结果导向"及"从问题出发"占了绝对上风，组织建设就很难开展，不管是在什么阶段。

创始人如果因为对组织问题缺乏敬畏以及心存侥幸而失去对公司发展节奏的把控，那将很令人可惜。组织方面一旦出问题，创始人兼CEO就很容易**对公司发展节奏失控**。如果失控了，离失败就不远了。

本节作者为房晟陶。

内功不可乱练，
困难期是更新组织策略的机会期

所谓的练内功，大部分指的就是补"组织能力"的课。

形势不太好的时候，一部分企业终于有时间和意识"练内功"了。

但形势不好的时候练内功还来得及吗？肯定不是所有企业都来得及。来不及的企业得壮士断腕、丢车保帅、死马当作活马医等。对于已经裸泳的企业，先练点外功穿上短裤，练内功的事看机缘吧。对于来得及的企业，冬天的时候没有好好练内功，夏天的高歌猛进可就没你的份了。

所谓的练内功，大部分指的就是补"组织能力"的课。但"内功"也不是说练就能练的，也得讲究方法。有些练就是瞎练。下面就举两个瞎练的例子。

有些公司遇事就喜欢调整组织结构。领导高屋建瓴地考虑了过去、现在和未来，设计了新的组织结构，迅速宣布，个把月就部署到位。新组织结构的战略意图确实很重要，要是错了的话很致命。但是，把战略意图想清楚了，从工作量上来说，充其量只是完成了1%，剩下的脏活细活累活领导就都嗤之以鼻地交给中基层了。领导层只做到这种程度，不仅算不上是练内功，连"外练筋骨皮"的水平都没达到，基本属于理个发、洗个澡的水平。真正的"内"如血液循环系统、内分泌系统、消化系统等，一点都没触及。

另外一些公司遇事喜欢"调整人"和"整肃纲纪"。调整人无可厚非，形势好的时候也会经常调整人。但是，形势不好的时候，很多公司容易让

"酷吏"上位。什么叫"酷吏"？在企业的语境下，"酷吏"无非就是极端结果导向但很容易忽视价值观的人。这些人的风格就是"雷厉风行"，善于"乱世用重典"，特别符合短期"整肃纲纪"的心理需求。有智慧的企业家一定要慎用"酷吏"。一旦大量"酷吏"上位，那就是"挥刀自宫"式地练内功了。

那么，该怎么练内功呢？练内功的关键和前提是更新你的"组织策略"。经历了冷热、起伏之后，一些根本性的组织问题才可以真正地被深入思考、认真讨论。可以说，形势不好的时候反而是产生真正的组织策略的机会期。对于一些年轻的公司来说，这是第一次产生真正的组织策略的机会期。要注意，这个机会期也不会长，因为好了伤疤就会忘了疼。

组织策略都包含哪些内容呢？以下是简要的介绍。

- **使命、愿景、价值观的返璞归真**。没遇到困难的时候，使命、愿景、价值观是很容易得到拥护的。但形势好的时候，这种拥护实际上只是不反对而已。经历了起伏和冷热之后，核心领导人以及核心领导团队才能更认真地总结及反省使命、愿景、价值观，真正找到想干、应干、能干的交集。
- **经营管理原则的丰富**。缺乏经营管理原则支撑的使命、愿景、价值观很容易就是口号和愿望。原则是用来指导如何处理实际工作中的具体问题的，比如如何处理刁钻的客户、如何对待供应商、如何处理长短期的平衡、如何对待竞争对手、如何对待创新中的错误等。这些都是员工在日常工作中会遇到的问题。对于这些问题，使命、愿景、价值观往往远水解不了近渴。经历了起伏和冷热，这些问题才会尖锐地出现，其重要性和必要性才可能被认真对待。这时候，经营管理原则才能真正地形成。
- **公司级竞争能力的选择**。是差异化产品、客户亲密，还是低成本？

服务于什么客户？增加什么价值？经历了起伏之后，核心领导人及核心领导团队才更愿意有所取舍并达成共识。

- **组织地图／文化地图**。我们虽然是一个公司，但是很可能不是一个组织。我们有多少组织？我们允许亚文化吗？我们有能力让亚文化之间和谐共处吗？不同组织靠什么凝聚起来？哪些组织需要去掉？
- **组织能力建设策略**。如果用一个公式来表现：组织能力 $=f$(人才，文化，系统，工具／设备／AI, X)。对于本公司，要想在下一个周期中取胜，组织能力建设的重点要素是什么？是人才、文化，还是系统？或者是工具／设备／AI？经历了起伏之后，企业的领导层会对关键要素的排序以及如何组合（即如何设置这个 F 函数）有更清醒的认识。
- **人才策略**。如果人才是本企业组织能力的关键要素，那么究竟是哪类人才？新阶段的新标准是什么样的？如何变革？如何建立能持续供应及培养这种人才的系统"功能"？
- **组织气质**。使命、愿景、价值观可以保持稳定，但组织的气质可以有阶段性变化。现阶段组织需要什么样的气质？比如，有"积极求胜"这样一个价值观，但气质可以根据内外形势选择稳健或者敢冲敢闯。
- **系统**。如果系统是本企业组织能力的关键要素，那么哪些是"战略性组织系统"，需要优先及重点投入？我们解构了十大通用系统，请参见本书第2章第二节"组织系统：用'系统之眼'看组织"。这些战略性组织系统建设的路线图如何？
- **工具／设备／AI**。哪些工具和设备需要迭代更新？哪些是公司发展所需要的关键技术能力？哪些关键业务环节可以被 AI 提升效率？要做出哪些投资？
- **组织想象**。我们能为员工提供什么，不能提供什么？我们希望员工在组织里有怎样的体验?组织想象与所在行业并无必然联系。它更多取决于核心领导人的价值观:我想创造一个什么样的小社会?与核心领导人的组织想象匹配的组织策略更容易得以施行。

- **核心领导人及核心领导团队的学习成长**。这是个重要的组织问题。核心领导人及核心领导团队的能力就是组织的天花板。他们过去的学习方式有什么问题?如何改进学习方式及学习效果?核心领导团队用什么样的机制讨论及决策组织问题?如何集体学习成长?
- **中高层团队的组织管理能力**。现在有哪些普遍缺失?什么能力要成为"规定动作"及共同能力?缺乏什么样的组织管理角色使得组织管理这件重要的事情责任者缺位?

......

没有以上这些对于组织策略的深入思考,"练内功"就是个口号而已,很容易停留在"外练筋骨皮"的状态。如果你承担着高管的职责,但对上面列举的事情根本就是"无感",那你确实应该加强学习。

注意,在本节里我用了"组织策略"而不是"组织战略"。这是因为组织方面的工作不是靠一两个"大动作"就可以万事大吉的,尤其是在形势不好的时候。"策略"比"战略"更符合组织方面工作的特点。

本节作者为房晟陶。

组织方法论的层次

本节从方法论层次的角度去解读很多组织方面的挑战，比如创始人兼 CEO 与 CHO/ 人力资源副总裁（HRVP）难以同频、对话，经常一拍两散等现象。方法论错层、缺层及同一层次的互不兼容，都会使高效的讨论和对话难以产生。

我们试着把组织方面的方法论分为五个层次来构建一个简单的"神经网络"，如图 3-1 所示。组织方法论的层数（layers）不一样，你处理组织问题的"神经网络"（neural networks）的结构就不一样，由此产生的"算法"（algorithm）自然就不一样。

一级问题视角及一级方法论，我们可以称其为"创始人兼 CEO 层次"

创始人兼 CEO 首先关注的问题是"如何创建一个企业"，需要的是创建企业的方法论。如果用公式来简单表达的话，创始人需要一个类似"企业 = f（产品 / 服务，使命 / 愿景，技术，组织，资本，X）"这样的创业方法论。创始人兼 CEO 要把产品 / 服务、资本、组织等不同类的要素组合起来成为一个整体。

在这个一级问题视角及方法论层次上，"组织"只是其中要素之一。要素之间有代偿作用。如果其他要素如"资本"做得好，对"组织"这个要素的要求就会降低。

这个一级方法论解决了"组织"这个要素在整体中的要求和定位问

题。但要达到对"组织"这个要素的要求和定位,需要下一级的方法论。

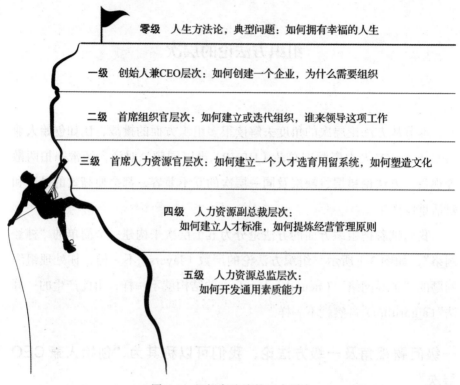

图 3-1 组织方法论的五个层次

二级问题视角及二级方法论,我们可以称其为"首席组织官层次"

这个层次要解决的问题是"如何建立或迭代组织",需要的是建立或迭代组织的方法论。要回答的问题包括:谁来领导这项工作?什么是组织?什么是组织能力?建立组织要考虑哪些要素?建立组织与管理组织有什么不同?

如果用公式来简单表达的话,首席组织官需要一些类似"建立或迭代组织 = f(首席组织官,组织模型,组织系统,组织策略,变革艺术,创业精神及创作能力,X)""组织能力 = f(人才,文化,流程/机制/系统,工具/设备/AI，X)"等这样的组织方法论。

上一段这两个公式里面的要素不像"企业=f(产品/服务，使命、愿景、价值观，组织，资本，X)"这个公式里面的要素那么容易理解，所以还要解释什么是组织系统，都有哪些组织系统，如何选择本组织的关键组织系统，什么是组织模型，什么是组织策略，建立组织为什么需要变革艺术，建立组织为什么需要创业精神及创作能力等。

在这个二级问题视角及方法论层次上，"组织系统"只是其中要素之一。要素之间有代偿作用。如果其他要素如"组织策略""创业精神及创作能力"方面做得好，对"组织系统"的要求就会降低。

这个二级方法论解决了对类似"组织系统"这样的个体要素的要求和定位问题。但具体来说如何达到对"组织系统"这些个体要素的要求和定位，需要再下一级的方法论。

三级问题视角及三级方法论，我们可以称其为"首席人力资源官层次"

顺着二级方法论里举的"组织系统"这个例子讲，在第三层次要解决的问题就比如如何建立一个人才选育用留系统，如何塑造文化。这需要一个建立组织系统的方法论。

如果用公式来简单表达的话，首席人力资源官（CHO）需要类似"建立组织系统=f(功能/目标，关系/连接，要素/部件，价值观/原则，变革管理，X)""人才选育用留系统=f(人才类型，人才标准，人才获取，能力与潜力的关系，评价，评价与任用的关系，淘汰，标准与评价和淘汰的关系，X)"这样的系统方法论。

这两个方法论要回答的问题包括：为什么功能/目标对系统很重要？为什么只有要素形不成系统？为什么关系/连接很重要？价值观与组织系统是什么关系？具体到人才选育用留系统，这个人才选育用留系统要达成什么样的功能/目标？"淘汰"是个重要功能/目标吗？它有哪些关键要素/部件，比如"标准"是关键要素/部件吗？"评价"是关键要素/部件吗？"人才获取"是关键要素/部件吗？它有哪些关键连接，比如"标准与评价和淘汰的关系"是关键连接吗？

在这个三级方法论层次上，对人才选育用留系统来说，"人才标准"只是其中的单个要素。如果其他要素如"淘汰""人才获取"，关键连接如"标准与评价和淘汰的关系"做得很好，对于"人才标准"本身的要求就会降低。

这个三级方法论解决了对"人才标准"等要素的要求和定位问题。但具体来说如何达到对"人才标准"的要求和定位，需要再下一级的方法论。

四级问题视角及四级方法论，我们可以称其为"人力资源副总裁层次"

顺着三级方法论里举的"人员标准"这个例子讲，在第四层次上要解决的问题就是"如何建立人才标准"，这就需要关于"人才标准"的专业及工作方法论。

如果用公式来简单表达的话，人力资源副总裁（HRVP）需要类似"人才标准 = f(通用素质能力，职能素质能力，专业能力，价值观要求，职业序列及等级，X)"这样的方法论。

在这个四级方法论层次上，对"人才标准"这件事情来说，"通用素质能力"只是其中的单个要素。要素之间有代偿作用。如果其他要素如"职能素质能力""价值观要求"做得很好，对于"通用素质能力"本身的要求就会降低。

这个四级方法论解决了对"通用素质能力"等要素的要求和定位问题。但具体来说如何达到对"通用素质能力"的要求和定位，需要再下一级的方法论。

五级问题视角及五级方法论，我们可以称其为"人力资源总监层次"

继续第四层次的"通用素质能力"的举例，在第五层次上要解决的问题就是"如何开发通用素质能力"，这就需要相应的工作及专业方法论。

如果用公式来简单表达的话，人力资源总监（HRD）需要类似"开发通用素质能力标准 $=f$（高绩效员工访谈，领导人人才审美，下一阶段战略需求，实际使命、愿景、价值观，外部同行业对标，聘请专业咨询公司，X）"这样的方法论。

问题视角和方法论的层次还可以向六级、七级分解下去，直至最后输出、收口到每个具体的员工身上。实际上，还可以向上溯源。比如，也可以有零级的组织方法论，那就是创始人兼 CEO 对于人生幸福和成功的方法论了。

分层很重要，不同的人会有不同的分层。不同的分层会导致不同的"神经网络结构"及"算法"。关于以上的分层，有人会挑战，HRVP 层次与 CHO 层次真的可以区分吗？我认为这两个层次是有明显不同的。CHO 必须是向一个独立公司的 CEO 汇报的，而 HRVP 往往向一个大的分公司总经理汇报，比如向一个大公司里面的 BG Head 或者 500 强外企中国区的总裁汇报。这两种场景下的实质挑战是很不一样的。同理，CHO 与首席组织官也是有明显不同的。简单来说，只是管理一个已经成形的组织，没有经历过"建立组织"阶段的 CHO 很难实质性贡献于首席组织官功能。

有些人还会问，在这种"神经网络"里面，是不是必须在上一层次做好后才能到下一个层次？不是的，这就是系统的奇妙之处，这个"神经网络"有很强的自适应能力。任何一个层次上的有质量的工作都可能促进相邻层次的进化。比如，如果在第四层次的"人才标准"这个部件要素上做得比较好，不仅第三层次的"人才选育用留系统"会更有机会做好，第三层次中与"人才选育用留系统"并列的其他系统如"文化管理系统""绩效管理系统"都可能被带动起来，最后使所有组织系统都加强。第三层次"组织系统"的整体加强又会向上影响到第二层次，促进与"组织系统"并列的"组织策略"的进化。如此种种，有很多可能，难以完全预测和控制。

这种组织方法论的分层及"神经网络"可以解释很多问题。比如，它可以解释为什么创始人兼 CEO 与 HRVP 很难同频、对话，经常一拍两散。

想象以下场景：一个只具备一级问题视角而且一级方法论都还没搞清楚的创始人兼 CEO，与一个具备四级问题视角及四级方法论的 HRVP，他们怎么才能进行建设性的讨论和共创？难道靠沟通能力及人际技巧就能解决方法论的问题？甚至，能有一个四级问题视角及方法论的 HRVP 已经算是很好的了。对于创业小公司来说，能吸引一个五级问题视角及方法论的 HRD 就不错了。一个拥有一级的视角及方法论者与一个拥有五级的视角及方法论者如何讨论问题？能同频及对话才怪。

如果只是错层，还没那么复杂，至少大家还承认有第二层、第三层。我观察到的现象是，大部分创始人兼 CEO 以及资深的 HRVP 会结构性地忽略二级问题视角及方法论，很多人甚至连三级问题视角及方法论也会忽略。这样，他们就从一级问题视角及方法论直接到了四级、五级问题视角及方法论。这种严重的缺层会导致"组织算法"上的粗糙和低效，使难以同频及一拍两散的现象更加严重。

怎么办？我们可以想到的解决方案是：创始人兼 CEO 必须下探 1～2 个层次，掌握二级问题视角及方法论（COO 层次），并对三级问题视角及方法论有所理解（CHO 层次）。HRVP 必须上探 1～2 个层次，掌握三级问题视角及方法论（CHO 层次），并对二级问题视角及方法论（COO 层次）有充分理解。很多 HRVP 也结构性地忽略了二级问题视角及方法论，试图以四级、五级方法论解决二级问题。与此同时，也要对其他业务高管进行培训，他们也需要理解二级问题视角及方法论（COO层次）。

理解了有什么用？理解了不一定会做对，但会减少无知无畏地做错，以及互相甩锅。这样，创始人兼CEO下探，HRVP上探，其他业务高管伸手相助，大家共同实现首席组织官功能的概率就大大提高了。

还有另外一个关键问题：除了错层、缺层外，在同一层次的问题视角及方法论中，会不会也容易产生很多矛盾？是的，这也是非常可能的。

举个例子，有人会挑战说，在第一层次的方法论中，你的"企业 $=f$（产品/服务，使命/愿景，技术，组织，资本，X）"太复杂了，我的"企业 $=f$（产品/服务，人才，资本，X）"更好、更简单。我不需要你说的"组织""技术""使命/愿景"。

你这么想，有可能是受你公司发展阶段的影响。比如，如果你处于明确业务模式的初创阶段，那么你很容易将"组织"这个要素简化为"人才"。但是，你迟早会意识到，你需要的是"组织"，"人才"只是"组织"的一部分。

你还有可能是受你以前的组织经验的影响。比如，如果你一直在一个投行工作，你肯定会非常理解"人才"的重要性，而对于"组织"对一个大型企业的重要性，你可能没有直观理解。或者，你以前是在一个偏资源型的房地产公司工作，你可能就会对"技术"对于企业成功的重要性没有深刻认识。或者，你的主要组织经验是在经济企业。如果你曾在非营利组织或社会企业工作过，你就会更容易理解"使命/愿景"对于一个企业/机构的重要性，如此等等。

总结一下，无论是方法论缺层、错层，还是同一层次方法论的互不兼容，都会产生很多组织上的矛盾及低效。实际上，这种现象在任何事情上都可能发生，只是在"组织"这种相对最没有明确的"对错"之分的事情上，更容易发生。在遇到这种事情的时候，建议当事人着重厘清及反省彼此在方法论层面上的不同及能力缺失，而不是一味地向"政治"及"态度"

归因。

最后，我们顺便还可以讨论另一个问题：是不是必须先成为HRVP才能成为CHO及首席组织官？我认为不一定。有志成为首席组织官的HRD，也可以去做一个独立的小公司的HR Head。在这种岗位上的历练会更快地帮助你获得三级及二级问题视角，并倒逼你学习三级及二级方法论。当然，绝对不能忽视HRVP层面的能力训练。不然即使有了CHO、首席组织官视角，也不容易实现其所应有的作用。

对于处于创业阶段的创始人兼CEO来说，这一点意味着在寻找组织方面的伙伴时，你不必老想着从大公司寻找那种"资深人员"。尽管"资深人员"在经验积累方面更接近CHO以及首席组织官，但他们在问题视角及方法论上也不一定能更快跨越四级HRVP视角。另外，也可以考虑将建立组织方面的职责交给非HR人员。如果HR人员不能有二级、三级视角，让在业务领域中体现出了二级、三级视角的业务高管转做组织工作也是个不错的选择。问题视角及方法论上达不到二级、三级层次的HR，在四级、五级层面做得非常专业也只会事倍功半。

本节作者为房晟陶、左谦。

组织类工作的闭环

组织类工作的闭环长什么样？我来极简地表达一下：从想法，到决定，到行动，到结果，到能力/原则，到系统，到习惯，到集体无意识，再到新想法，这就是组织类工作最全面的闭环。图3-2展示了这个闭环，这个闭环要比PDCA（plan-do-check-act）更接近组织类工作的本质。

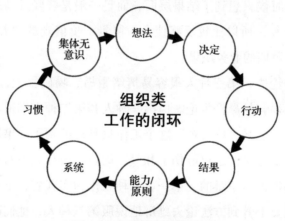

图3-2 组织类工作的闭环

组织类的工作，如果只做到结果的程度，那就有半途而废、短期行为之嫌。对于组织类工作来说，狭义的"结果导向"绝对不是什么优秀的价值观。甚至可以说，狭义的"结果导向"就是组织类工作的劲敌。组织类工作的成功标尺要包括"系统"和"习惯"。

对于文化管理类议题，当大家不在同一个闭环上谈问题的时候，很难进行真正的交流。

举个例子来说明。对使命、愿景、价值观这件事情，不同的人就会有非常不同的看法。有些人（第一种）会说使命、愿景、价值观对于一个公司是最重要的，是一个公司基业长青的关键；但有些人（第二种）会说使命、愿景、价值观有价值，但主要还是实现战略的工具；另外一些人（第三种）却说，使命、愿景、价值观太虚，根本就不重要。

观点不同经常是因为这三种人对于使命、愿景、价值观这个工作的"成功标尺"有非常不同的理解。第一种人在说使命、愿景、价值观的时候，心里想的已经到了习惯、集体无意识层面，其内在成功标尺是企业长期的生命力。第二种人在说使命、愿景、价值观的时候，一般是想到了能力/原则、系统层面，其内在的成功标尺是企业中期的竞争力。第三种人在说价值观的时候只想到了结果层面，而且一般是曾经行动过但结果不怎么样或者很反复，所以比较反感使命、愿景、价值观的"太虚"，其内在的成功标尺是短期的业务结果。

在这种争论中，第三种人很容易情绪激昂、嗓门很大、表现力丰富，表面上看起来很容易赢得争论。但第一种人和第二种人知道，如果第三种人对于"使命、愿景、价值观"这个工作只是理解到了结果层面，再争论下去不仅没什么意义，还可能伤了和气，而且，说什么不对是容易的，说什么对以及如何做对是难的。第一、二种人作为实践者，虽然能做到更深的层面，但是要上升到方法论去雄辩地说服第三种人，他们既没有这样的精力也没有这样的愿望。于是，他们还不如不争论，战略性放弃为好。

回过头来看，第三种观点也没错多少。第三种观点实际上说的是：书面的使命、愿景、价值观一点都不重要；不能有助于企业成功的使命、愿景、价值观一点用都没有。对于这种观点，我们当然不能反对。另外，如果这个企业处于创业早期，还在使命与活命之间挣扎，或者业务模式处于风雨飘摇之中，有这种理解也可以理解。

当一个组织的核心领导人对组织类工作的闭环没有深入理解的时候，

他就很容易设置低效的策略，给出急功近利的工作指令。下面举一个比使命、愿景、价值观小一点的例子。

春节期间，几个长期客户在觥筹交错之间向某公司老板齐声抱怨其公司的产品及服务品质下降。老板大感震惊且没面子（想法的来源）。春节过后2月底，领导痛定思痛，决定升级迭代一下公司的价值观（从想法到决定）。升级迭代的重点是将"客户至上"定为本公司的核心价值观。在做出这个决定之后，接下来要做的是：细化客户至上的行为条目（比如要多进行客户拜访、及时回应客户投诉的问题）；然后进行两周的宣贯，从4月开始进行月度价值观考核（从决定到行动）。

于是，在4、5、6月这个季度里，客户拜访量大大增加，回应客户投诉问题的速度也大大提升了。从7月的统计数据来看，客户满意度确实大幅改善和提升（从行动到结果）。

然而，到第二年年初的时候，情况又恢复到原来的状态了。

为什么呢？因为员工太"客户至上"了，原来销售人员惯用的"宰客"手段用得少了，结果造成销售业绩下降。领导在10月初国庆假期之后回顾第三季度业绩的时候发现了这个苗头。这可是大事！于是，领导迅速"拨乱反正"，以一个"追求卓越"的价值观覆盖"客户至上"。追求卓越的核心标准大家都迅速领悟了，就是销售额。第四季度，大家奋力拼搏，终于在12月31日这一天达成了年度目标。用的方式当然还是原来那一套，只不过更狠了一点。

在1月的总结表彰会上，群情激奋。酒过三巡之后，大家感慨于这一年的跌宕起伏，抱头痛哭。见此情景，领导临时决定，春节期间多放3天假。

春节期间大量老客户又向领导抱怨。春节后，2月底，领导想出了新一年的价值观迭代条目：服务精神。就这样，一项价值观升级工作在一年内完成了一个闭环：从想法，到决定，到行动，到结果，再到新想法。从

PDCA 的角度，这位老板做的好像也没错。但这恰恰说明，做重要的组织类工作，用简单的 PDCA 的逻辑是不适合的。

如果这位老板不能反思自己的思维模式，超越短期的"结果"，进入更深的环节，这个公司的"文化管理"工作就会在这个怪圈中不断往复循环。当然，不排除在短期内这个公司仍然会很挣钱。

如果想要突破，解决的方法就是深入到能力/原则（比如，如何让员工具备非宰客式的销售能力等），到系统（比如，如何以产品力降低对销售的依赖，如何以信息化的工具赋能销售人员，改变销售激励的方式，等等），最后直到习惯（改变了对客户价值的定义和理解，改变了公司与客户之间的互动关系等）。

这种学习对于核心领导人的自我突破能力提出了很高的要求。不过，如果能够做到，其回报也是非常高的：个人从创业者到企业家；企业从团伙到组织。怎样才能获得对组织类工作这个闭环的深入理解呢？根本的途径就是去做一些有质量的组织类工作，在做中学，边做边反思，边做边与团队共创。

对组织类工作闭环的理解和感悟是个循序渐进的过程。在基层的时候，一般只能参与到行动层面；中层会实践到结果/行为层面，并开始对能力/原则、系统有所感悟；在中高层的时候，对系统应该有了深入的理解，在实践上应该已经到了能力/原则层面；高层人员一般都会实践到系统层面，理解到习惯层面；对于一把手和核心领导人，如果能实践到习惯层面，领会到集体无意识层面，他们本身就是公司的核心竞争力了。

当然，对组织类工作这个闭环的理解不能只依赖直接经验。向其他人及其他组织（包括优秀企业的案例、人物传记、历史、有经验的顾问等）的间接经验去学习也非常重要。有些人在很年轻的时候通过知识性学习及观察就已经理解了组织类工作的这个闭环，在以后进入实际工作场景的时候，如果有好的工作机会和指导人，会很迅速深入地理解这个闭环。

有些人会挑战说，能做到能力/原则、系统层面，已经比较优秀了，为什么非要到习惯和集体无意识层面？这是因为，习惯加上集体无意识，才是文化的根基。没有一个深厚的根基，表面的东西很容易退化。对于重要的组织类工作，企业的核心领导人要不断提高建立系统、塑造习惯，甚至是察觉及改变集体无意识的能力。只有这样，他们才能塑造一个生生不息的文化和组织。

不过，确实不是每一项组织类工作都要做到习惯及集体无意识层面。要将哪些价值观固化为习惯及集体无意识，这是个事关公司长期命运的战略选择。如果外部环境变化得很快，或者企业处于创业初期，能做到能力/原则层面会是长期与短期的更好平衡。

比如，在这种内外变数都很大的情况下，有些公司将"拥抱变化"落实到能力/原则层面。这本身是个聪明的做法。不过，即使像"拥抱变化"这种能力/原则，如果选择将其固化成习惯和集体无意识，也会是双刃剑。比如，当外界环境需要公司提供持续稳定的、大规模的、低缺陷率的产品和服务时，一种特别喜欢"拥抱变化"的文化也很容易抵制任何标准化、系统化、严密的事前推演，容易制造不必要的混乱，将大量精力浪费在标新立异上等。在这种情况下，公司也得在下一个闭环中去对这个"拥抱变化"的习惯和集体无意识做出修订。

讲到这里，读者也应该可以体会到，"文化管理"这项工作，绝对不是人力资源部门的工作。这是每个核心领导团队的责任和挑战。另外，这还是个集体挑战。单个领导对这个闭环有了深入的理解还不够。没有集体理解，领导团队就很难进行高效、愉快的关于文化问题的讨论。这不仅会大大影响领导团队关系的质量，员工也会跟着受罪。

本节作者为房晟陶。

组织发展中一个常见的"恶性循环",你的公司有吗

公司比较小的时候,领导人有个目标管理逻辑就可以应付日常管理工作。这个目标管理逻辑可以用这几个模块描述出来:①目标-部门目标(把大目标分成小目标,分给几个其他人);②岗位招聘(根据要做的事找做过这种事的人);③目标考核、薪酬、奖金、晋升/辞退(对于干得好的人要及时奖励,对于干得不好的人及时辞退);④业务会议(有什么事开会商议解决)。

随着公司逐渐变大变复杂,简单的目标管理逻辑已经不够,管理水平被倒逼着提高,一个"任务协同系统"会逐渐进化出来。这个"任务协同系统"的基本组成环节是:①目标/战略-关键任务/流程-KPI;②组织结构、关键岗位/角色设置、决策权限;③岗位及职能招聘;④基于目标及过程KPI的绩效考核,以及基于岗位及职能的技能培训(比如销售技能的培训);⑤基于考核结果的薪酬、奖金、晋升/辞退、长期激励;⑥业务及管理会议机制,以及业务信息系统。总体来说,这个任务协同系统的核心环节以及基本假设是"绩效考核"。

这个任务协同系统,比起之前的目标管理逻辑已经丰富了很多。这种管理方式已经能够处理相当复杂的任务。对比前面讲到的目标管理逻辑,这个任务协同系统有几个关键的进化:第一是从目标到战略、核心业务流程及KPI(含结果及过程KPI)的进化;第二是从简单的基于人的部门及职责划分进化为基于业务流程/关键任务的结构、岗位、角色及决策权限设置;第三是从岗位招聘向岗位招聘兼顾职能招聘进化;第四是从纯粹的

目标考核进化到结果及过程 KPI 并重，并能够提供基于岗位及职能的技能培训；第五个进化是不仅有业务会议，还有管理会议，甚至能建立业务信息系统。

这些进化说起来很简单，做起来也得磕磕绊绊地进行几年。

不过，随着公司的复杂性进一步提高，领导人一般会感觉到这个任务协同系统的局限性越来越明显。最典型的问题是，人才越来越捉襟见肘、变革目标越来越难以实现，而且领导人会发现，这些问题并不能随着任务协同系统内各个模块的进一步完善而得以扭转，那些改善动作的边际效应会越来越低。这是为什么呢？这就是因为它本身就是个任务协同系统，而不是个人才选育用留系统。

在这个任务协同系统里面（本节第二段谈到的 6 个环节），与"人"直接相关的有这样几个环节：岗位及职能招聘；基于目标及过程 KPI 的绩效考核，以及基于岗位及职能的技能培训（比如销售技能的培训）；基于考核结果的薪酬、奖金、晋升/辞退、长期激励。以任务协同系统为基本管理逻辑的公司，其人力资源部及人力资源人员的绝大部分精力也放在了这些事情上（更准确地说，是在帮助业务部门做这些事情）。其中的一些环节甚至就放在业务部门里，比如销售技能的培训一般就放在销售部门里面。这样的人力资源部，说它是"业务支持部门"是非常适合的。在这个阶段中，公司对人力资源人员的重要要求是"懂业务"。

但问题是，这几个与"人"相关的环节结合起来，尽管从"做事"的角度看在逻辑上是合理的，却并不能达成人才选育用留系统的功能及目标。人才选育用留系统的功能及目标可以这样来描述：找到、吸引、培育、保留适合企业发展阶段的人才；高效转化及融入；将人才配置到合适的岗位（合适的人做合适的事）；有竞争力的中、高层人才源源不断地产生；不适合的人适时离开。

在这些功能及目标中，"有竞争力的中、高层人才源源不断地产生"

这个具体项，在任务协同系统的逻辑之下，是尤其难以实现的。但是，一个想做大、做强、做长的公司，没有这样的功能行吗？显然是不行的。"有竞争力的中、高层人才源源不断地产生"这个功能，对于任何一个想做大、做强、做长的公司来说，都是一个刚需。没有源源不断产生的中、高层人才，即使目标战略清晰合理，即使变革意图达成高度共识，最终都难以落地。

不仅如此，这几个环节结合起来，就是部门墙、职能视角、中高层人员难以横向调动等组织现象产生的根本原因。这些现象将进一步导致客户/外部视角的衰退、高层内斗、战略无法协同（在规模更大之后）、难以形成文化等。于是，企业想做大、做强、做长的理想就受阻了。

大量企业在发展中都会遭遇到这个组织挑战。

为什么会有这样的问题呢？这是因为，这个任务协同系统里存在着一个阻碍人才选育用留系统功能实现的"恶性循环"，或者说是"恶性增强回路"："中长期人才"没有"短期人才"容易成活和发展；"森林型人才"没有"树木型人才"容易成活和发展。

具体举个例子：要完成公司的目标，招到好的销售人员是很重要的。那要招什么样的销售人员呢？招一个有很好系统思考能力的、有跨职能潜力的学生，还是招一个有 5 年销售经验但系统思考能力一般的人？这两种人谁能在短期内更出销售业绩？在绝大部分情况下是那个有 5 年销售经验的人。于是这个人就更容易被晋升为销售经理。然后，你觉得这个销售经理更喜欢用有经验的人，还是用有潜力但没经验的人？在绝大部分情况下，这个销售经理会更喜欢用有经验（且和自己的背景相似）的人。如果都招有经验的人，大家比什么？比谁更能迅速出业绩。于是，"成功的招聘"逐渐被定义为这个人能否在 3 个月甚至 1 个月内出成绩。"培训"的重点也逐渐放在了如何让这些有经验的人员快速了解公司的产品及话术。绩效管理工作的重点也放在了目标考核而不是绩效辅导上。公司的文化氛围逐渐被萃取为目标导向（实际是短期目标导向），甚至成为"军队文化"。久而久之，这个公司就会形成这样的相互紧密咬合的系统："中长期人才"没有"短期人才"容易成活及发展，"森林型人才"不如"树木型人才"容易成活；而且，那些硕果仅存的"中长期人才"以及"森林型人才"也会逐渐被排挤离开。

形成这个"恶性增强回路"的原因是多方面的。有些人会把其归咎于领导人缺乏长远思考或者缺乏价值观。实际情况会比这样的归咎更复杂一些。

很多时候，这个恶性循环的形成是因为"短期人才""树木型人才"曾经是公司度过生死存亡期或者打天下时期的"功臣"。换句话说，这个任务协同系统的基本思维模式曾经是公司的成功路径。现状是历史形成的，而历史是不能假设的，也是不能说割断就割断的。

另外，这个任务协同系统的逻辑非常容易理解和达成共识。如果想既完成任务，又发展人才，这件事情的复杂性一下子就提高了。这个"做事"的简单逻辑能够在公司大部分成员中取得合法性。哪些小部分成员会比较难受呢？所有的后台职能部门（人力、财务、IT、运营等）一般都会很难受，因为他们的工作在任务协同系统的逻辑下都很难有效开展。

此外，还有另外一个障碍：这件事情，即使个别高管有意愿去改变，也会很快发现个人的力量非常小，那种"集体无力感"很强。更有甚者，这里面还有点"囚徒困境"的味道，越花精力去做这种事情的人，在组织内越有可能被干掉。于是，"集体无责任"也逐渐成为风气。

如何才能打破这个"恶性增强回路"？如何才能既兼顾"短期业务发展"的要求，又实现"中长期人才及组织发展"的要求？

核心领导人以及核心领导团队的进化更新可以说是唯一的路径。如果核心领导人及核心领导团队不能为组织输入新的动能，这个升级迭代就难以自动发生。公司发展到这个阶段，这个由现有核心领导人及核心领导团队创造出来的任务协同系统已经是个"复杂的社会系统",有了自己的强大意志和自生长能力,一般的努力不能轻易改变它。

那什么是"二般"的努力呢?

第一方面是战略的努力。"短期人才"容易成功的背后多多少少都有领导人追求短期目标的原因。能否通过战略上的、节奏上的调整给组织升级迭代提供一定的时间和空间?以发展来促改革,在增量中率先改革(而不是停下来搞改革)。这非常考验核心领导人的战略能力(节奏感、平衡感)。

第二方面是价值观层面的努力。从价值观角度,"短期人才"比"中长期人才"更容易成功的这个"恶性增强回路",再往深里挖,其背后的逻辑是什么呢?就是"用人"远远高于"发展人","把人当作工具"远远压倒"把人当作目的"。我们不能站在道德高地上评判说,"把人当作目的/发展人"是好的,"把人当作工具/用人"是不那么好的。如果那么评判,那就是站着说话不腰疼。两者之间是互动的关系,没有强大的用人逻辑,人也不会被发展出来。我们要强调的是,到了这个发展阶段,公司已经可以更多地"发展人"了,而不仅仅是"用人",而且"发展人"与"用人"之间的平衡,对公司的未来发展既是必需的,也是相互促进的(不是牺牲了业务发展来发展人,发展人也是可以促进业务发展的)。

第三方面是在能力上的努力。要想对任务协同系统进行升级迭代,需要核心领导人迅速提高管理复杂性的能力。在还没有到超大规模之前,组织这件事情需要总设计师和总导演,也可能已经有了总设计师及总导演。核心领导人在这件事情上责无旁贷。想通过授权他人去解决,或者希望通过无为而治去解决,在这个阶段中是不合时宜的,甚至是痴心妄想。

当然,有些人会说,如果一个公司从一开始就由"使命、愿景、价值观"驱动,领导人善于"站在月球看地球",则可能从一开始就在任务协同系统中规避了这个"恶性增强回路"。这当然是最理想的。不过这种最理想的情况，只适合于极个别幸运的企业家。对于绝大部分企业领导人来说，都是先挖坑再填坑，也就是先制造了这个问题，再去解决这个问题。

具体有什么办法可以实现从"以任务协同系统为核心"到可以兼顾"任务协同系统"及"人才选育用留系统"的组织转型升级呢？用我们提出的四类组织系统的框架来思考（即任务协同系统、人才及知识系统、文化管理系统、组织进化及领导力系统，更多详情请参见第2章第二节）。

第一个方面就是在任务协同系统与人才及知识系统交集的地方用力。

- 任务协同系统中会有绩效考核子系统。如果能在做绩效考核的同时增加"绩效+潜力评估"，这将是一件一箭双雕的事情。
- 与此相关，"员工工作计划子系统"要升级为"员工工作及发展计划子系统"。
- "人员调配子系统""高管的晋升及任用子系统"是任务协同系统的一个关键环节，如何将人员调配与人员发展结合得更紧密，是兼顾"任务协同"及"人才及知识"的关键场景。当然，在人员调配之前，要有高质量的人才盘点。
- 更新"人才标准"或者更新"领导力定义"：这两个子系统至少是任务协同系统和人才及知识系统的交集，甚至可以是任务协同、人才及知识、文化管理这三个系统的交集。
- 战略性高管的招聘及融入子系统：这是任务协同、人才及知识、文化管理与组织进化及领导力这四个系统的交集。这个动作是非常高杠杆的动作，但是成功率不高，操作难度很大。

第二个方面就是要在人才及知识系统本身用力。

- 基于更新的人员标准的招聘（除了任务协同系统的要求，还加上了人才及知识系统的要求），至少一部分人以"为公司招聘"及"为职能招聘"为主，不只是为岗位招聘。
- 基于新人员标准的培训（除了基于岗位及职能的技能培训）。

第三个方面重点是在组织进化及领导力系统上用力。

- 在"组织管理实施系统"上用力，包括建立一个能够超越任务协同系统的"用人"逻辑，更能够以"发展人"的逻辑去理解及管理组织的人力资源队伍。这个队伍对这个转型升级至关重要。不然，组织的转型升级就没有组织保障了。当然，中、高层人员的组织管理理念及能力也是组织管理实施系统的重要部分，不可以忽视（也就是，不能只着重于人力资源队伍的建设）。
- 核心领导人的学习成长。如果核心领导人没有成长，一个强大的组织管理实施系统（含人力资源队伍）就难以起步和成活。
- 核心领导团队的团队学习。只有核心领导人的学习是不够的。组织这种事，没有核心领导人的升级计划，核心领导团队的成员一般无法把它做成，但他们一般有能力让核心领导人做不成。所以，团队共同学习进化是必要的。

本节作者为房晟陶。

运营系统的建立经常是从团伙到组织的第一步飞跃

部门墙、流程复杂且偏重于监控导致大家不仅身累而且心累，不管大事小事都得开会群策群力，重要项目问题不断，即使不延期交付也得经常挑灯夜战等，都是运营效率降低的表现。

很多创始人兼CEO是在运营效率成为内部管理的痛点和外部竞争的关键要素时，才第一次真正意识到公司需要一个"组织"。

为提升运营效率而做的努力，经常是公司从团伙到组织的第一步飞跃。

在某种程度上，"运营系统"就是组织的骨架。这里先澄清一下概念，我们所说的运营系统至少可以简单分为三个层次：公司级运营系统、核心业务运营系统、职能运营系统。公司级运营系统就是公司级任务协同系统。比如，公司级的关键会议体系（战略会议、运营及财务会议/经营分析会、组织及人才会议）就是属于公司级运营的一部分。核心业务运营系统就是核心业务模式/流程+任务协同系统，这里的核心业务模式/流程是跨多职能专业的。职能运营系统就是职能流程/机制+任务协同系统，这里的职能流程/机制主要在职能边界内，不涉及或较少涉及跨职能。不同公司进化的顺序会不太一样，有些公司先实现公司级运营系统进化；有些公司核心业务运营系统远远领先于公司级运营系统；有些公司核心业务运营系统和公司级运营系统相对平衡发展；有些公司某些职能运营系统有较强的竞争力，但核心业务运营系统未必完善；等等。

遗憾的是，很多公司在之前的发展阶段中没有预埋"运营"这条"暗线"。没有预埋"运营"这条"暗线"的原因有多种。

一些领导人难以完全控制的客观原因，比如投资人对规模增速的要求，导致领导团队没有时间和资源去关注运营。但也有很多其他与领导人有直接关系的原因。

第一种最直接的原因是严重低估人员规模迅速扩大对协同效率所造成的损耗，以为那主要就是高管能力以及高管团队团结性，或者员工干劲的问题。这种内耗，一般在组织到了一定规模（比如，一般到 300 人以后，最迟在 1000 人以后，不同行业差异较大）的时候就会加速表现出来。不管干什么，想把上千人协同起来本身就不是件小事情了。

第二种原因是对行业发展到"运营取胜"阶段的速度产生错判，以为那一天还早得很。殊不知，很多其他公司都很善于"多"和"快"，地盘很快就被抢得差不多了。于是，竞争比想象中更快蔓延到了"运营效率"这个领域。对这一点的判断很考验创始人兼 CEO 的战略能力和初心：你是否可以比竞争对手更准确地预见并提前有所准备？一个常识是，每个行业的竞争都会走到运营很关键的阶段。你是不是只想做"多"和"快"的那一段？

第三种原因是创始人兼 CEO 本身就是偏机会型的人才，而在运营方面没有什么感觉。领导团队里聚集的也都是偏机会型的人才，谁也不愿意干运营那种看似投资回报率比较低的活。这样的领导团队即使想预留"运营"这条"暗线"也很难预埋。

即使预埋了"运营"这条"暗线"，如果不善于管理组织的升级迭代，那预埋了也没啥用，更不用提根本就没有预埋了。

因为"多"和"快"是带来公司前一阶段成功的关键要素，"多"和"快"的组织惯性不是说改就能改的。

迭代的关键是公司的核心领导团队，尤其是创始人兼 CEO 自身能力的进化。

公司走到现在的成功公式就是"目标""模式/产品""人才"的三方匹配。在下一个阶段中，公司需要的成功公式是"战略""模式/产品""运营""人才"这四个方面的匹配。核心领导团队需要进化三个关键能力：从"目标"到"战略"的进化；从"模式/产品"到"模式/产品"+"运营"的进化；从"人才"到"人才"的进化。

从"目标"到"战略"是个关键的进化。在发展到这个阶段之前，很多领导团队所说的战略实际上就是目标加上营销手段。这个阶段首先要解决生存问题，所以基本上是什么好卖卖什么，什么能卖卖什么。所谓的战略根本还没有落实到下一层次的关键选择里：做什么产品不做什么产品？做差异化还是做低成本？想在哪些方面建立核心竞争能力？做 to B、to C 还是 to G？选择做什么不做什么背后所映射的使命、愿景、价值观是什么？等等。

换个角度来说明这个能力的进化：如果把公司战略分为发展战略、竞争战略、运营战略，发展战略可以靠"大神"和团伙，竞争战略可以靠团伙和团队，运营战略真得靠组织。在这个阶段中，运营战略及竞争战略的相对重要性大大提高了。

实现了从"目标"到"战略"的进化之后，自然就会涉及从"模式/产品"到"模式/产品"+"运营"的进化。比如，做差异化和做低成本，对公司核心业务流程方面的要求是不一样的，比如运营流程的关键任务选择、关键节点设置、KPI 设置，进而对组织结构和决策程序的设置都会有不同的指向。这还不是一个简单的"梳理"，而是边探索边梳理。在这个过程中关键的问题是：哪些关键任务环节可以固化？哪些环节必须保持灵活不能固化？

第三个关键能力的进化是从"人才"到"人才"的进化。为什么还有从"人才"到"人才"的进化呢？这是因为，此人才非彼人才也。做"模式/产品"的人设和做"模式/产品"+"运营"的人设会有很大不同。可以说，"多快型/糙快猛人才"与"好省型人才"简直就是两个物种，而且，问题的挑战还不是从"多快型/糙快猛型人才"到"好省型人才"的两级转化，而是从"多快型/糙快猛型"到"多快好省型"的既继承又发展的转化。

如何能够把这个进化做得更好呢？以下提出几个初步的建议。

领导团队集体学习一下什么是"运营"，以及去了解一些优秀公司的"运营系统"，开拓一下眼界并统一语言，这是件非常重要的事情。不然，因为没有见过，很多人就会无意识地否定这件事情的存在及重要性。甚至，对于什么是"运营"大家都会有非常不一样的理解，比如有些人会认为分工细化就是流程清楚，为了分工清楚一下子分出十几个部门。这种解决办法可能会产生更多问题。

在遇到运营效率的挑战时，很容易想到的解决方案就是搞点"使命必达"这种文化落地活动。这种文化落地活动可以阶段性给组织打点鸡血，但容易治标不治本、转移视线、集体掩盖问题，因为它本质上还没有跳出"目标管理"的逻辑。另外，调整组织架构以及考核政策也是经常采取的动作。但是，组织架构及考核政策如果没有背后有效的业务流程梳理作为支撑，经常也是治标不治本。以上这两种方式，如果公司提供的产品和服务对于功能性和缺陷率要求不高的话，可能起的作用还大一点。如果不是，那么就会更治标不治本。

另外一个有点偷换主题的做法是，通过上个ERP系统去解决问题。线下流程不高效，想通过线上系统来倒逼，看似是个捷径，实际上经常劳民伤财，而且会迅速培育起员工对于登录任何线上系统都反感。

在这个发展阶段中，CEO必须挪出一部分时间去做核心业务流程梳理工作。如果想通过找一个有点流程梳理经验的运营经理就把问题解决了，那基本就是痴心妄想。当然，可以考虑从核心领导团队中选一个既懂业务又有流程思维的人与CEO配合做这件事。他们对一级的大流程一看就明白,也容易达成一致。但二级流程的很多分歧就得靠明确的竞争及运营战略作为指引。"魔鬼"都在三级、四级流程中,尤其是三级、四级流程中的标准操作程序(SOP)。在那里,能力、标准以及背后所呈现的价值观将无法遁形。那些 SOP 的水平决定了运营系统的效能,而不只是顺序和效率。

从外部引入运营管理的高手进入公司的核心领导团队是个高杠杆的措施,但难度也很大,同时其前提还是创始人兼 CEO 意识的转变及能力的成长。做运营类的工作一定要懂业务,但从外部引入的有运营管理经验的人要了解本公司的业务需要一段时间。另外得注意,见过一个优秀的运营系统的人不一定有建立系统的能力。

从"目标""模式/产品"与"人才"三者的粗放式匹配,到"战略""模式/产品""运营"与"人才"这四个方面的匹配,就是一个公司从团伙到组织的一次关键进化,甚至经常是第一次实质性进化。经过这一次进化,一大帮人对于为什么样的客户服务、提供什么样的产品和服务、怎样对待客户这些最基本的问题有了共同的目标、流程、方式、标准。一句话,运营系统的建立解决了一大帮人学会做事的问题。

当然,在运营系统初见成效之后,领导团队很快会发现,人才能力是关键的瓶颈。在那个时候,人才选育用留系统的升级迭代将促成公司从团伙到组织的第二次飞跃。

当核心业务流程 + 任务协同系统 + 人才选育用留系统相互咬合之后,公司的文化也就塑造得差不多了。文化的塑造和整合,虽然贯穿在前面几次飞跃的过程之中,但也可以算是第三次飞跃。到那个时候,这个公司才算是真正实现了从团伙到组织的蜕变。在下一轮外部环境变化后,组织会再迎来新一轮的迭代。

本节作者为房晟陶。

建组织不能"干大事而惜身,见小利而忘命"

《三国演义》里,曹操和刘备煮酒论英雄时,曹操对袁绍的评价是:"袁绍色厉胆薄,好谋无断;干大事而惜身,见小利而忘命:非英雄也。"

建组织这件事,是个典型的"长期小事型大事"。对于这种类型的大事,"干大事而惜身,见小利而忘命"的现象经常发生。这两句话用来评价很多创始人兼CEO及高层领导者对"建组织"的实际态度非常贴切。

在建组织这件事上,哪些行为是"干大事而惜身"的体现呢?

羡慕别人有组织,但不愿意干别人建立组织所做的那些脏活累活。对于简单重复性的事情不愿意一遍又一遍认真干。对于组织上的很多事情,纪律大于技术,比如面试的纪律、与员工一对一地交流等。没有纪律和自律,哪来组织?

老想着去学别人已经验证、最好拿来能一招制敌的东西,不愿意根据行业特征、个人特质、发展阶段等去创作自己的组织。

不培养自己的"被领导力"及"被管理力"。找了很多牛人、新高管,但自己不愿意被领导、被管理,非得自投、自编、自导、自演。这样的话,到最后只能留下一帮跟班,形成不了真正的领导团队。

不愿意干婆婆妈妈的活,甚至觉得那是对自己"男性气概"的否定。可是,组织这件事就是个雌雄同体的活儿,大男子主义者很少能做好。这些人往往已经在那种"大事型大事"方面验证了自己,对"长期小事型大事"不屑一顾。他们最想把做企业简化为"做业绩+带人",而不是"发展业务+发展组织"。他们经常怀念过去那种"大秤分金银,大碗吃酒肉"

的感觉：要是能一直快乐地跟一帮兄弟做业绩该多好啊？可是，做业绩只是发展业务的一部分，带人也只是发展组织的一部分。只做业绩不建系统，只带人不发展组织，最后只能剩个生意和团伙。

不愿意投资于"关系"。公司大了，与不同的人员（而且别人也都是牛人）建立建设性的工作关系是件耗时、耗心的事情。有这时间，宁愿去做业绩。协商、讨论、对话、流程、机制、系统等这些建立组织的必需品难以得到真正的重视。

另外，他们对那些"虚"的事情嗤之以鼻，比如什么使命、愿景、价值观、能力标准、经营管理原则等。从道德上抨击之，从 KPI 上挤压之，最后走向 GDP 主义。GDP 主义最终会怎么样？组织上的腐败与污染。

如此种种，都是"干大事而惜身"的体现。

哪些是"见小利而忘命"的体现呢？

对建组织这件事缺乏定力和韧性，长期稳定地停留在"新年决心"的水准。元旦下的决心，刚过完年还没到春暖花开，看见点短期业务机会或遇到点业绩压力，就已经把建组织这件事抛到九霄云外了。

熟人介绍来自大牌公司的"人才"，也不管适不适合，不做面试甄选，直接就用。猎头费是省了，殊不知"请神容易送神难"。

幻想着花个百八十万年薪挖个名企人力资源总监就能把这件事情搞定。实际上，在大部分情况下，挖来的人只能做个"背锅侠"而已。

如此种种，都是"见小利而忘命"的体现。

"干大事而惜身，见小利而忘命"在本质上就是企业家精神衰退的体现。从时间分配上看，建组织这种事就是 1% 的战略、5% 的专业，剩下的全是简单重复性工作。但要想把这些简单重复性的工作做好，需要的是极强的创业精神。能否做好建组织这种"长期小事型大事"，是对企业家成色的最好检验。

不过，我不是在力劝每个公司都花费大量精力去建立真正的组织。这既不是应履行的法律义务也不是应负的道德责任。如果是因为志向不够，或者自知力有不逮，决定不蹚这趟浑水，那所有人都应该充分理解及支持，不应去评判。不过，如果你做了这样的决定，那就别抱怨、别"甩锅"，也别吃不着葡萄就说葡萄酸地去评价那些能够建立组织的企业家。

但如果你有千亿之志，建组织是规避不了的事情。百亿之志，在此前的资本市场环境下，有个好的团队就能凑合一阵子了。如果只是十亿之志，有个好的团伙就足够了。如果还处在一亿的阶段中，你得先验证你能做好孤胆英雄，少谈组织。有人会问：你说的千亿、百亿、十亿、一亿指的是市值、营业额还是利润？我指的是在正常资本市场下的市值。

不过，随着资源及人口红利的消退，粗放型的发展空间会越来越小，"组织的水位"会越来越高。原来，在百亿之志时都不去建组织不仅算不上"干大事而惜身，见小利而忘命"，反而是识时务的俊杰。但现在，你最好从十亿之志时就开始重视组织。

本节作者为房晟陶。

第 4 章
· CHAPTER4 ·

"真高管"与组织

从团伙到组织的关键是能否有五六个"真高管"

"真高管"对应的是"伪高管"。"伪高管"有两种：第一种指的是虽然职位上已经是高管（比如 VP），但在能力和心态上还远未达到高管职位要求的那些人；第二种是在能力上虽然可以，但是高管团队关系质量比较差，导致发挥不出"真高管"作用的那些人。

过去 5～10 年的这波创业大潮，催生了很多"伪高管"。当一个企业的核心领导团队大部分都是"伪高管"的时候，这个企业就很难实现从团伙到组织的跃迁，企业发展的后劲及传承一定堪忧。

"真高管"和"伪高管"有什么区别？从能力上来说，"真高管"更善于管理"张力"（tension）。其中比较普遍和典型的张力有六个，如图 4-1 所示。

第一，伪高管往往是局部视角（比如分公司视角、职能视角），真高管要具有 CEO 视角。更关键的是，真高管可以管理 CEO 视角与局部视角之间的张力，而不是那种只善于与 CEO 对话但无法落地操作的人。

第二，伪高管往往只能管人、管团队，但真高管必须能够管组织、管文化。更关键的是，真高管可以管理组织/文化与个人/团队之间的张力。以组织及文化之名，扼杀个人及团队活力的高管也不是真高管。

第三，伪高管要么只能"从问题出发"，要么只能"以终为始"，难以管理"从问题出发"和"以终为始"之间的张力。真高管必须能够在"以终为始"和"从问题出发"这两种风格之间灵活切换。

第四，伪高管要么难以自行设立工作方向，要么不服管。真高管要能够管理"自主"与"服从"之间的张力。

第五，伪高管可以管理项目，但真高管还要能够建立系统。更关键的是，真高管可以管理"系统"与"项目"之间的张力。只见树木容易，只见森林也容易，难的是管理树木与森林之间的张力。

第六，伪高管往往难以处理同侪之间的张力，要么有你没我，要么就铁路警察各管一段，以地盘划分来规避矛盾。真高管要既独立，又能够相互依赖，可以与他人建立"伙伴"关系。

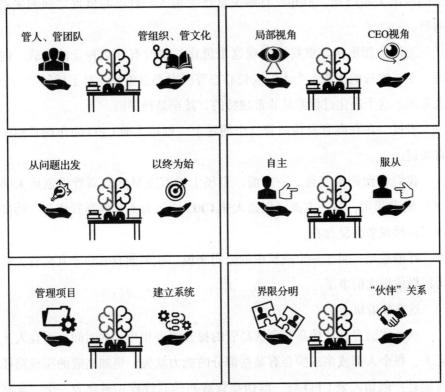

图 4-1 "真高管"要管理的张力

从伪高管到真高管的挑战就在于学会管理这些张力。当然，我们不能要求每个人都变成完人，以上这些张力，能够管理好一部分就至少可以成为"非伪高管"了。

为什么伪高管难以管理这些张力呢？其中一个原因是他们对很多事情的方法论还处于初级阶段。初级阶段的方法论一般比较机械和僵硬，难以与其他人的方法论形成良性的互动和相互容纳。于是行为层面经常容易出现非此即彼、非黑即白的情况。初级阶段的方法论就像处于青春期的孩子，该知道的事情好像都知道了，但实际上还没有真正知道，因为还没有经历实践及他人的检验。这些方法论往往只解决了自己与自己、自己与任务的浅层关系问题，但并没有解决自己与他人、自己与世界之间的关系问题。

怎样才能更快、更好地实现这个进化？我没有什么神奇的公式，时间、工作挑战的历练、个人的成长心态等因素都很重要。对于任何单个个人来说，这个进化过程都是非常独特的，甚至是神秘的。

不过，在真高管及伪高管这个问题上，创始人兼CEO的作用显然非常关键。

我们看到的现实是，一方面，市场上没有充足的真高管供创始人兼CEO随意聘用；另一方面，创始人兼CEO让能力不错的高管成为"伪高管"这种现象大量存在。

好消息是，对于一个成长中的公司来说，如果能有五六个真高管，就可以做成很大的事了。

这意味着机会。

从个体而言，从伪高管到真高管的提升需要相当长的时间，而且人无完人，每个人都或多或少会有某些部分的能力缺失。更加高效的实现路径可能是：创始人兼CEO与一群伪高管或非伪高管首先进化为一个"真高管团队"；在这个过程中，每个团队成员都逐渐进化成真高管。

这就是创业的关键，也是从创业者到企业家跃迁的关键。

实现这一路径的关键要素是什么？除了个人能力的历练及提升之外，

创始人兼 CEO 与他人建立有质量的关系的能力以及在高管团队中建立"生成性""共创性"团队氛围的能力也至关重要。

什么是有质量的关系及生成性团队氛围？那是一种没有"决策"的关系；决策在自然发生，但你又感觉不到它。什么不是有质量的关系？KPI 关系肯定不是有质量的关系。

为什么对成长中的公司来说，起码得有五六个真高管而不是两三个呢？如果是一两个，还是会有很多偶然性（比如夫妻、兄弟、同学）。如果是五六个，创始人兼 CEO 在这方面的能力一般可以通过考验了。

当然，我们不能把这个责任全部推给创始人兼 CEO。对于所有其他高管团队成员而言，这方面的挑战是一样的。每个人都需要与五六个人建立有质量的关系（包括与创始人兼 CEO），并贡献于"生成性""共创性"氛围的养成。这也是从伪高管到真高管的进化过程中必经的考验。

本节作者为房晟陶。

这届中年人能否找到"从心所欲不逾矩"的自由

在不同寻常的2019年,**进退两难**是很多企业领导人、高管的普遍状态。

过了40～45岁,你还敢不敢重新出发?

进退两难。

这些陷入"进退两难"的领导人绝大部分都是中年人——准中年人40～44岁;标准中年人:45～54岁;资深中年人:55～59岁。

尤其是这届45～54岁的标准中年人,很多都身居要职,都是**组织管理者**。这批人的斗志,对他们所在组织的命运至关重要;放大了说,对整个国家和社会来说都至关重要。

但是,他们普遍陷入了"进退两难"的状态。为什么呢?

明显的原因是**能力焦虑**。能力焦虑就是,对于该做什么非常清楚,但是在能力方面有肉眼可见的差距。过去行之有效的方式方法好像一下子都失效了,不仅没用,甚至还是障碍。与能力焦虑相关的是对所领导的企业的生存焦虑:能力不改进,企业能否继续生存?

不大容易看出来的是**存在焦虑**。什么是存在焦虑?就是保安经常问我们的三个问题:你是谁?你从哪里来?你到哪里去?更具体地说,就是自己是不是在做着自己认为有意义、自己喜欢的事情。也就是说,该做的事情是不是想做的事情。即使对于该做什么非常清楚,但如果不是自己认为有意义的事情,你就不会真正提起精神去改变自己。在这个状态下,责任感已经很难提供足够的动力(因为没有个人生存焦虑)。

如果只有能力焦虑，问题还简单一些。但是，如果既有能力焦虑又有存在焦虑，不陷入"进退两难"基本是不可能的。再加上与年龄相关的"中年焦虑"：精力不如从前、上有老下有小、进入更年期等，"进退两难"不仅难以规避，而且非常生动、立体。

这一波普遍的"进退两难"，与国家、社会的发展直接相关：发轫于1978年的改革开放已经40多年了。这批中年人是伴随着中国经济高歌猛进的40年而成长起来的，尤其是45～54岁的这届中年人。

这一届中年人既贡献于高歌猛进的发展，又享受了很多高歌猛进发展的成果，同时也引发了很多高歌猛进带来的问题。具体来说，这一代中年人干过很多高速度、低质量的事情。这批中年人似乎用了20%的努力得到了80%的好处。低悬的果实都已经被摘得差不多了。越来越多的情况是，我们需要用80%的努力来摘那20%的果实。

过去的忙碌感以及80%的好处所带来的刺激感掩盖了存在焦虑，过去那种高歌猛进的环境掩盖了能力焦虑。过去的成功使"退"成为"可能"的选项，现在的年龄使"退"成为"合理"的选项，企业积累的各种冰冻三尺非一日之寒的问题让"退"成了一个"聪明"的选项。

于是，"进退两难"变成了普遍现象。

当领导人在"进退两难"中徘徊荡漾的时候，其所在组织也跟着徘徊荡漾，而且，这一徘徊可不是一天两天，很可能是三五年。在这三五年里，不仅会放走很多机会，而且很可能连过去的成功都守不住。

究竟是进，还是退？

实际上，如果要选择"进"的话，该做什么、该怎么做，这届中年人自己都知道得很清楚。这个世界已经给了他们足够的信息反馈：该被指出的毛病都被坦诚地指出了；该怎么改进，别人也都诚恳地提出建议了。

他们缺的不是潜力、自知、智慧、良师益友。

他们很多时候缺的是心力、愿力、勇气。

如果我们把60岁当一个停止工作的坎，那么确实这届45～54岁的中年人应该考虑退休事宜了。这届中年人的父母那一辈人，就是这么生活的。但是，如果以健康地工作到70岁为目标的话，这批45～54岁的人还有15～25年的时间。15～25年还是很长的。实际上，很多人工作到45岁的时候，也就总共工作了20～25年而已。如果能够健康地工作到70岁的话，职业寿命瞬间被延长了一倍以上。工作到70岁以上的企业家也屡见不鲜。

重新出发一定要从心出发。

对于中年人来说，重新出发的目标不应该是夺回青春，而是要找到那种"从心所欲不逾矩"的自由。

找到"从心所欲不逾矩"的自由，需要勇气。

关键在于让工作及生活与自己的使命、愿景、价值观充分融合。

找到自己的使命、愿景、价值观这件事是每个人都要面临的挑战。只是，这届中年人必须直面这个问题。青年人还可以沉醉在各种新鲜刺激中，延迟对这个问题的回答。上一届中年人绝大部分还没有机会探讨这个问题。

做与自己的使命、愿景、价值观相匹配的事情，过与自己的使命、愿景、价值观相匹配的生活，那才是真正的酷，从心所欲的酷。青少年的时候谁还没有点理想？不过，那个理想大部分就是热情和空想。到了中年的时候，还能按照自己的理想去工作和生活那就弥足珍贵了。

领导人发现了自己真正的使命、愿景、价值观，其所领导的公司才可能有使命、愿景、价值观，成为真正的组织。一个有了使命、愿景、价值观的组织会帮助很多员工减少存在焦虑和能力焦虑。这也是这届中年人保持斗志的重要意义之一。

还有另外一个方面，我认为是这届中年人必须保持斗志的原因：我总觉得这批中年人，有些事情还没有干，有些责任还没有尽到。具体来说就是，那些高歌猛进所带来的问题，怎么也得梳理一下再交棒吧？作为领导者，你希望交给他人什么样的组织？

当然，我也不能一味地"劝进"。如果现阶段的"退"与自己的使命、愿景、价值观更加匹配，那就不埋怨、不纠结地"退"。甚至，没想清楚的"退"也是可以的。弯路也是路。谁的人生不走点弯路呢？

我还要特别提醒一下那些处于40～44岁的准中年人。你们就不要想着"退"了。这么说吧，如果"退"了，等到你们55岁的时候，你们一定会后悔40岁的时候不敢想、不敢拼。等到你们70岁的时候，你们才会意识到你们40岁的时候是多么的年轻。"40岁不努力，70岁徒伤悲。"

最后，请允许我分享一首比较通俗的古诗：宁欺白须公，莫欺少年穷。终须有日龙穿凤，唔信一世裤穿窿。意思是：宁可看不起没钱的白头老翁，也不要看不起贫穷的少年人。因为少年人前途不可限量。少年人如果努力，迟早有一天会飞黄腾达，不会一辈子总是穿着破洞的裤子。

那时候，人生似乎只有少年和老年；但现在，真的有一批可以承上启下的中年人了。

看不起白须公肯定是不对的，但只有一句"莫欺少年穷"就很不全面了。

我认为这首诗应该改成："莫欺少年穷，莫笑中年勇。"

不要嘲笑中年人的勇气。当然，关键是自己不要嘲笑自己。

本节作者为房晟陶。

高管发展的难点在于"心"与"灵"

一个"全人"的能力至少可以来自体、脑、心、灵,或者说是体力、脑力、心力、灵力这四个方面。

体力比较容易理解。体力就是精力、耐力、操作能力、动手能力等。这是所有业务结果的直接基础。在某种程度上,高管从事的也是"996"的体力活,体力好、工时长就是竞争力。

脑力就是理性和逻辑。我们的教育体系比较注重脑力的发展。脑力发展了,就有了理性思维的能力。

对于高管来说,他们创造价值的主要方式是脑力。脑力发展不够,就很难做到系统思考,对关键事情就难以做到深度思考,对全局的事情、长远的事情就难以实现战略思考。同时,因为在脑力方面比较容易建立共同语言,比较容易发展出工具,所以目前很多领导力发展都着重于脑力的发展。

但是,除了体力和脑力之外,至少还有心力和灵力。如果一个人只承认和修炼脑、体这两个方面,偏废了心与灵,那么他也很难成为一个真正有竞争力的高管。这是因为,缺乏心灵之力的支撑和滋养,脑力和体力的能量无法充分发挥出来。只有脑力和体力,那就是机器,是精致的利己主义者。

心和灵这两个字经常放在一起说,好像是一回事。这两个方面确实有共同点,比如这两个方面都有点承认非理性以及外在超越性。不过,用在高管发展上,这两个字还是有区别和侧重的。读一读下面两句名言,看看有什么不同的感受，辨别一下其中体现的更多是灵力、心力，还是两者的结合。

一句是雷茵霍尔德·尼布尔（Reinhold Niebuhr）在1943年说的："God, give us grace to accept with serenity the things that cannot be changed, courage to change the things which should be changed and the wisdom to distinguish the one from the other."翻译过来就是：惠我以安宁，忍所当忍；赐我以勇毅，为所当为；更赐我以智慧，将两者区分。

再感受一下邓小平曾经说过的这句话："我是中国人民的儿子，我深情地爱着我的祖国和人民。"

我的感受是，前面那句话更偏向灵，后面那句话更偏向心。灵会让你感到充满力量；心容易让你热泪盈眶。当然，心与灵是相通的。在第一句的灵里，我们也可以隐约感受到温暖的心。在第二句的心里，我们也可以感受到坚定的灵。

如果让我来总结心与灵之间的区别的话，我会这样简单区分：灵更偏重于自己与"更高的力量"之间关系的问题；心更偏重于自己与其他人之间关系的问题。灵力产生的是信仰和坚定的爱；心力产生的是真诚和温暖的爱。

为什么要把本来相通的心、灵略做区分呢？在高管发展方面，这么区分会有一定价值。不同人在心和灵方面的天赋是不一样的。有的人强于心和温暖的爱，有的人强于灵和坚定的爱。不做这种区分的话，"心派"会看不懂甚至鄙视"灵派"，"灵派"会看不懂甚至鄙视"心派"。区分之后，在心的方面有比较优势的人可以从心入手，带动灵；在灵的方面有比较优势的人可以从"灵"入手，带动心；最后两者殊途同归。很多高管都是脑力非常发达，但要求一个脑力比较发达的人直接学会"走心"是比较有难度的。有句话是这样说的：世界上最远的距离就是脑与心的距离。对于这样的高管，从脑力先到灵力再到心力是个更可能的路径。一个脑力发达的人完全可能灵力也非常发达，不然为什么有的科学家可以几十年坐冷板凳。但这些科学家在心方面可能发展得并不充分。

有人会挑战说，所有人都需要体、脑、心、灵的综合发展，你为什么就强调高管需要体、脑、心、灵的平衡发展，尤其要注重心与灵的发展呢？

我只是强调，高管要先行。高管如果心灵不发展，影响的是整个公司和组织的竞争力，而且高管在心灵方面不发展，会很容易扼杀和压制中基层人员的心灵发展。

另外一个关键原因是，高管去发展心灵是有有利条件的。在中基层，有比较好的脑力+体力，比较容易成为一个优秀的员工。当我已经很优秀的时候，我为什么还要费力去发展心灵？承担高管职责的人，更容易意识到脑力+体力的局限性。有了这样的觉察，再去发展更可能取得成效。

心灵发展了，对一个公司和个人有什么好处？（这又是一个脑力问题！）

对于公司来说，如果说脑力的结果是战略、模式、系统的话，心灵之力的产出是什么呢？简单而言，心灵之力的产出就是使命、愿景的凝聚力和生命力以及价值观的系统性。我很难想象一个心灵没有充分发展的核心领导团队，会塑造出一个真正有价值观的组织。关于公司使命、愿景、价值观的文字，我们花几天就可以讨论出来，用精练的语言表达出来。但是我们的心灵可以辨别，那只是脑力激荡的结果，还是充满了脑、体、心、灵的结合。没有心灵之力，一个组织就缺乏生命力和魅力，难以聚集和滋养优秀的人。

对于高管个人来说，心灵不发展就很难培养来自价值观、思想、情感的影响力。另外，没有心灵的发展，一个高管的脑力会逐渐萎缩，最后就很容易沦为"机器式"高管。

本节作者为房晟陶。

你的"高管花园"里有没有"园丁"

一个企业难以形成"真高管团队"有很多原因。其中一个重要原因是"高管花园"里缺乏"园丁"功能。当"园丁"这个功能长期缺乏时,大概率事件就是这个"高管花园"会逐渐只剩下一两朵"霸王花"(创始人及联合创始人),其他人顶多就是绿叶。没有"真高管团队",公司的发展就难以持续。另外,没有一个百花齐放的花园,创始人兼CEO这朵霸王花也会逐渐枯萎。

"园丁"的核心功能是什么?用一句话来说,就是建立一种"生成性的环境"。

什么是"生成性的环境"?做一个类比来说明吧。小时候我们经常到别人家去串门,去有些人家里的时候,我们就会感觉到安全、舒适、融洽,但又不会失去自律及主动性。但我们去有些人家里时会很容易闹得过火甚至干坏事,去有些人家里会非常紧张小心,去有些人家里就非常懒散。为什么会这样呢?家的环境会有奇妙的影响。那种让我们感受到安全、舒适、融洽,但又有自律和主动性的环境就是一种"生成性的环境"。在这种环境之下,很多好的、新的东西就会"生成",我们不由自主地就愿意多去、多待。

再从另外一个角度去理解生成性的环境及园丁的功能。军队算是最容易粗糙化、戈壁化、男性化的组织环境了。"政委"这个角色和功能就起到了园丁的一部分功能。我虽然不赞成在公司里有"政委"这样的职务名称,但是其所承担的园丁功能我认为是很有价值的。

园丁这种功能以及其所导致的生成性的环境在一个公司高管团队的日常工作中会有什么实际体现呢？举几个例子。

谁去引导新高管融入？当创始人兼CEO不切实际地期望一个新高管迅速出成绩的时候，谁可以去调和这种期望呢？要知道一个新人入职的时候，即使其非常成熟和有能力，也是非常脆弱的。空降失败率极高就与企业高管团队缺乏园丁功能直接相关。

当一个高管有些情绪的时候，有没有什么人可以让他倾诉一下？涉及一些利益问题（薪酬、奖金、股份）的时候，园丁功能就更关键。在这种问题上，让高管和创始人兼CEO进行直接的对话简直是不可能的。创始人兼CEO想当然地认为：有什么事情你可以直接跟我说啊。实际上，99%的人都做不到。创始人兼CEO不愿意这么做，高管也不愿意这么做。双方都在猜对方，情绪会逐渐郁积，到某一天不可收拾地爆发。

为什么"园丁"这个功能会被边缘化呢？

一种情况是，创始人兼CEO本人就非常拒绝被灌溉、被修剪、被"牧养"。换句话说，他们就是带头拒绝园丁的大花朵。更有甚者，他们会鄙视那种园丁角色，认为那种园丁的角色及功能是浪费以及女性化。这样的创始人兼CEO会逐渐变成仙人掌，他的高管花园也会逐渐变成戈壁上的"仙人掌花园"。

在另外一种情况下，创始人兼CEO虽并不排斥"园丁"功能，但其并不具备园丁的能力。在这种情况下，他就得去找合适的人（比如联合创始人，或者外聘得力的组织合伙人）承担这样的职责。如果找不到，园丁这种功能就会逐渐萎缩。

还有一种情况，创始人兼CEO不排斥"园丁"功能且有一定"园丁"的能力，但他就是没有足够的时间去承担园丁的角色和功能。这种园丁的工作，很需要时间和耐心。在公司到了一定的规模之后，如果想既当花朵又当园丁，对于大部分创始人兼CEO来说是力不从心的。绝大部分创始人兼 CEO 都是公司最重要的花朵。如果要他花费大量时间去做园丁，那么公司在发展上可能会丧失很多机会。在这种情况下，他们也必须去找合适的人承担这样的职责。找不到的话，"园丁"这种功能也会逐渐萎缩。

一个公司要想从团伙发展到组织，其中一项重要的任务就是在高管团队里面建立园丁的功能并创造生成性的环境。高管团队如果有园丁功能及生成性的环境，那将是公司的一个重要的组织竞争力。注意，我这里强调的是功能而不是角色。这个园丁功能可以有个明确的角色承担（比如有些公司的 CHO，或者联合创始人），也可以由多个有园丁能力的人共同承担。同时，必须注意，创始人兼 CEO 永远都是园丁功能的重要参与者。

做园丁是不是一定要有牺牲精神呢？我认为园丁不需要"蜡炬成灰泪始干"的那种悲壮。他们不是牺牲者的角色。他们可以在成就别人（比如花朵、蜜蜂、飞鸟、蜗牛）的同时，成就自己。他们的成就感就来自这满园春色、姹紫嫣红。如果一个人觉得做园丁就是牺牲，这个人肯定做不好园丁。

还有，园丁并不比花朵高明或高尚。就像花朵需要园丁一样，园丁也需要花朵。那些自认为自己作为园丁就比花朵高明或高尚的人，我认为也做不好园丁，而且园丁和花朵的角色本来就不是固定不变的。在一个关系里，某个人是花朵，但换到另外一个关系里，这个人就变成园丁了。

如果非得让我总结的话，我认为园丁的核心特质是"爱"和"生命力"。一个公司，如果长期不能形成"真高管团队"，背后一定有"爱"和"生命力"缺乏的原因。

本节作者为房晟陶。

外聘高管成活率低，这个问题的命门是什么

首先，我要特别说明一下，有些公司外聘高管成活率低是在计划和预期之内的，也就是说，在决定外聘高管的时候就已经设计和接受了低成活率。

在什么样的情况下是这样呢？比如公司已经处于危难之中，这种情况下的"续命式""死马当作活马医式"高管外聘，成活率低绝对是正常和符合预期的。能有人愿意走进危墙之下就不错了，哪里还敢多想别的。

另外，在做很多新业务的时候或者公司很小的时候，自己都还没想清楚要干什么，公司的命运也是风雨飘摇，这种情况下的高管外聘经常是"赌博式""撞大运式"的，成活率低也是可以接受的。

更有甚者，有些奇葩老板以"收藏人才然后证明他们不行为爱好"去外聘高管，财大气粗地陶冶自己，这种情况下的低成活率甚至就是衡量成功的必备标准。

这些已经在计划和预期之内的外聘高管成活率低的问题不是我们谈论的范围。我们谈论的是主观上还是很期望外聘高管好好成活，但客观上成活率很低的已经阶段性解决了生存问题的公司。

在这种情况下，外聘高管成活率低究竟是个什么问题呢？

这是个招聘和融入问题吗？

任何外聘高管的空降失败，肯定有招聘和融入方面的原因。

把它界定为招聘和融入问题的好处是责任人似乎比较明确：招聘不利，主要是HR的问题；融入不利，外聘高管个人有重要责任，HR作为

入职引导人员也负有责任。

不过，如果这么界定和诊断问题，开的药只能是"提高招聘系统、融入系统的有效性"。具体的动作一般会包括：进一步明确招聘标准，用更好的猎头资源，对候选人进行更认真的面试、更谨慎的背景调查，领导人亲自出马寻找和吸引，设计更好的薪酬福利与股权，多搞点高管团队建设活动，降低期望（比如六个月内不要求出成绩），多对外聘高管进行引导让其更主动地调整融入等。

这样的诊断及开药方式，很多时候来自一个看起来类似问题的解决过程：基层、中层外聘的成活率问题。把基层、中层外聘的成活率问题定位为一个招聘和融入问题是合理的，而且是有效的。于是，很多人就惯性地把这个诊断和开药方式应用到高管外聘成活率这个问题上了。

殊不知，外聘高管成活这件事情，其本质、难点和命门已经发生了变化。

如果我们首先把它定位为一个招聘及融入问题，实际上是涉嫌**转移视线、避实就虚、包庇罪魁祸首**。

我会把外聘高管成活率低的问题首先定位为**"组织进化更新"问题，然后才是个招聘和融入问题**。我会先从"组织进化更新"的相关方面去寻找原因，再从招聘及融入等方面去寻找原因。

第一方面：创始人/CEO 的进化和成长

要想让外聘高管成活率高，其实创始人兼 CEO 的进化和成长更关键，而不是外聘高管本人的适应和调整。

创始人/CEO 准备好把自己从老板进化为"有经理人气质的企业家"了吗？创始人/CEO 愿意给公司加冕吗（把原来戴在自己头上的王冠戴到公司头上）？是否有自己的使命、愿景、价值观，并与公司的使命、愿景、价值观充分融合？

企业做到现在这个水平，创始人/CEO 也算是出人头地了，心态还开放吗？还愿意虚心学习吗？创始人/CEO 能够与他人建立基于价值观的深度工作关系吗？

创始人/CEO 的个人能力，有没有实现从目标管理到战略管理的进化？创始人/CEO 对"组织"这件事的认识有没有超越"一群人"和"组织架构"，认识到"流程、机制、系统"对于组织能力的重要性以及战略与组织的一体两面？

有些公司不是所有方面的外聘高管成活率都低，而是某类职位的成活率持续低。比如常见的是所有的中后台、职能部门、总部的高管成活率低。这反映的是公司在组织方面是严重失衡的、阴阳不平衡的。很多创始人/CEO 长于破局，但在新的发展阶段中没有进化出总图及布局能力。

创始人/CEO 如果没有以上这些方面的进化和成长，只希望通过改善招聘和融入的动作去提高外聘高管的成活率，那就是在转移视线、逃避责任。

基层、中层等这些人员不会和创始人/CEO 直接协同工作。但是，高层必然会和权力巨大且自信满满的创始人/CEO 一起工作。外聘高管这件事成功的关键要素就发生了根本性的变化。

与创始人/CEO 的进化和成长直接相关的还包括领导团队的成长和进化。没有任何领导团队的成员能让外聘高管这件事干成，但是很多领导团队成员都可以让这件事干不成。

这个领导团队是一个利益团伙还是一个有使命、愿景、价值观的团队？团队里面有"园丁"角色吗，还是每个人都是需要别人浇灌的"花朵"？领导团队能就战略、组织等这些比较"虚"的议题进行有效的讨论吗？

甚至还有些更基本的问题，领导团队会开会吗？比如战略会、运营及财务会（经济分析会）、人力资源会这三个公司级别的会议。从这三个会基本上可以看出领导团队的水平。没有这些会，很多外聘高管想谈点事都没有合法的场景（他们不具备现有高管与创始人/CEO 的那种默契）。

第二个方面：组织评估和组织设计

为什么要外聘高管？如果现有内部人员的能力和气质可以解决这些问题，外聘高管这件事情就没有什么必要。

外聘高管要解决的首先不是"人手"问题，而是"组织能力"问题。内部肯定不缺"人手"。

公司在决定外聘高管的时候，有没有清醒的组织评估？公司有什么样的组织模型去进行组织评估和组织设计？要实现下一阶段的发展目标和战略，缺少什么关键组织能力和气质？需要保护哪些现有的组织能力和气质？核心领导团队对于这些能力和气质的差距有没有共同认识？公司希望外聘高管在战略拼图中扮演什么角色？

任何真正的高管都希望能够在公司发展中承担点战略性的角色和职责。这个"大势"是高管成功的基本条件。要知道，高管一般都是有相当成熟度的人。他们很多时候都可以管理自己的情绪。如果他们在战略拼图中的角色及职责清晰，招聘及融入过程中的种种不快会变成小事情。反之，如果他们在战略拼图中的角色及职责不清晰，招聘及融入过程中的种种小事情就会变成大事情。

组织评估还要回答这样的问题：公司在流程/机制/系统方面需要做哪些迭代才能实现组织能力的迭代（而不仅仅是靠个人能力）？公司底层的流程/机制/系统有问题，想要靠"个人能力"来解决问题，那就是自己迷惑自己。比如说，核心业务流程一直没人梳理，或者没有随着竞争的变化迭代更新，你期望外聘高管作为一个新人，既要完成当期的高挑战性的目标，又要去推动梳理跨部门的核心业务流程重整，这样的人没有几个。即使有这样的人，这个人得对创始人/CEO、对这个公司有多深厚的感情，得有多少股权，得有多傻多自信才愿意干啊？

没有从组织视角、组织能力视角、组织进化更新的视角去看高管外聘问题，很容易就把它降维成一个招聘和融入问题。

"组织进化更新"还包含很多其他工作，以上只是简单阐述几个方面。读者可以判断一下类似的事情是否对外聘高管成活率这件事有重要的影响。这些事情当然与招聘和融入有关系，但我们肯定不能把它们算作招聘和融入的"二级任务"。它们是比招聘和融入更关键、更前置的一级任务，不是操作招聘和融入的人员可以通盘考虑的事情。

所以说，外聘高管的成活，首先是个"组织进化更新"问题（尤其是创始人/CEO的进化和成长问题），然后才是个招聘和融入问题。

一个创始人/CEO、一个组织，如果想在不改造自己、不改造现有组织的前提下，通过外聘高管去取得不一样的结果，这种期望有点不靠谱。在公司小的时候，外聘高管可能会取得一些撞大运似的成功。在公司变大之后，领导层还处在这个认识水平，迟早会走到"招人续命"的恶性循环里去。所有靠招人续命的大公司，根子上都是小公司，而且里面很可能住着一个"巨婴"。

本节作者为房晟陶。

要产生德才兼备的将才，必须既要、也要、还要

"德才兼备"一直是我们文化传统中的普遍人才审美。"将才"也是我们描述人才的一个传统说法。

这两个词虽然有点传统，但它们对人才这个问题的关键和本质的揭示一点都不过时。

任何一个想做强、做长的公司，都得解决"德才兼备的将才"如何源源不断地产生的问题。

对于公司来说，如何培养德才兼备的将才呢？对于个人来说，如何成为德才兼备的将才呢？

我给大家推荐一个思路：既要、也要、还要。这三个词也不是我的原创，不过我乐于把这个概念应用在人才发展这个问题上，希望能够抛砖引玉，对读者有所启发。

什么是既要、也要、还要？

既要完成当期业务目标，也要建立流程/机制/系统，还要塑造价值观。

中层人员，完成当期业务目标就行了。高层人才，既要完成当期业务目标，也要建立流程/机制/系统。真正的大将之才，还要塑造价值观（包括自己的价值观以及所领导组织的价值观）。

这里我要特别谈一下，"也要建立流程/机制/系统"的重要性。

其重要性首先来自"建立流程/机制/系统"是个刚需。对于已经很成熟的500强外企来说，绝大部分高层人员只需要维护和改进流程/机制/系统，而不需要建立。但是，对于所有处于成长期的中国民营企业来说，

"建立流程/机制/系统"都是个刚需。如果只是完成当期业务目标，不注重建立流程/机制/系统的话，短期内因为市场红利以及资本红利，做大是可能的，但做强、做长是不大可能的。也就是说，成为"伪大"的公司是可能的，成为"伟大"的公司是绝对不可能的。这种"伪大"的公司里面也会产生将才，但基本上都是以"一将功成万骨枯"的方式。

从人才发展的角度，只有经历过"建立流程/机制/系统"的工作，才能培养出"德才兼备"的人才。这是因为，要完成当期业务目标，很多时候需要"才"就行了，对"德"的要求比较一般。我这里面说的"德"不是指不贪污腐败这种基本的"德"，而是处理好各方面的关系，平衡地满足多个利益相关方诉求的"德"。

在很多公司里，要想完成当期业务目标，主要处理好上下级关系就行了，这个关系涉及的主要是职务权力，有的时候甚至"媚上骄下"都行得通。但是，"建立流程/机制/系统"这件事，只搞定上级不仅是不够的，而且是有害的。要想建立流程/机制/系统，天然就需要处理大量横向、斜向的关系，天然就需要"非职权影响力"，当然也会锻炼"非职权影响力"。换句话说，这种工作对"德"的要求全面得多。

除了对"非职权影响力"这个"德才"的训练之外，做这种"流程/机制/系统"的工作还会对另外一个稀缺能力有直接的训练作用："全局视野"。"流程/机制/系统"的工作很多都是全局的，至少都是跨部门的。没有人天生就具备全局视野。有的人确实很有天赋，在没有经验的时候对全局问题也能说得头头是道，但是任何没有经过实践检验的抽象思维和框架思维都是非常危险的，很容易是赵括式的纸上谈兵。这种人很有迷惑性。很多时候，一个国家或公司都会被这样的纸上谈兵的人才带进深渊。"流程/机制/系统"这类工作既能检验这种人的成色，也能帮助这类人将天赋发展为真才实学。

"也要建立流程/机制/系统"还有另外一个重要的价值。"建立流程/

机制/系统"这种事情，天然就不"性感"，短期内很不容易出成绩，而且还很容易费力不讨好。这种不"性感"的工作，对于"德"的磨炼尤其有利。从没坐过冷板凳的人，怎可能有"板凳要坐十年冷"的精神。没有坐过冷板凳的人，其对于组织的承诺也是没有经过真正检验的。

说到这里，我又要引用点传统的励志名言："天将降大任于斯人也，必先苦其心志，劳其筋骨，饿其体肤，空乏其身，行拂乱其所为，所以动心忍性，曾益其所不能。"

孟子这段话非常传统，已经两千多年了，但是，其对人才发展这个问题的揭示丝毫没有过时。历两千多年而不倒，其内在的生命力着实强大。

孟子这段话的第一个字"天"引出了一个关键问题：究竟谁是"发展人才"的主体？是一把手把他人发展成将才吗？还是人才自己把自己发展成将才？有些领导把自己作为培养和发展将才的主体。有些人认为自己是把自己发展成将才的主体。从孟子这句话来看，这两种认识都值得商榷。对此有感受的读者可以细细品味和思考。

这顺势就引出了"还要"这个话题：**还要塑造价值观。**

这里所说的"塑造价值观"，首先指的是要塑造自己的价值观，然后才是塑造所领导的组织的价值观。

没有价值观，"完成当期业务目标"很容易损人利己；没有价值观，"流程/机制/系统"很容易沦为聪明但没有灵魂的专业设计；没有价值观，就没有真正的领导力。

这里所说的价值观，指的是"符合天道"的价值观。每个人都有自己的价值观。每个人的价值观都不是天生就"符合天道"的，而是必须在实践中不断被修剪、修正和塑造。"将才"的价值观也是在"既要完成当期业务目标""也要建立流程/机制/系统"的压力下、矛盾对立中不断塑造成型的。

塑造价值观的难度在于：要想成为"将才"，独善其身是不可能的。

自己一个人或者在一个小组织内洁身自好、修身养性是容易的，但要带动一大群人塑造共同的价值观，那完全是另一件能量级的事情。同时，每个组织都不是在真空中存在的，塑造组织价值观的时候，还要考虑到本组织的价值观与大的社会价值观之间的适应、匹配、张力关系，需要有辩证的时间感、空间感。

这里要特别提一下："结果导向"不是价值观。如果一个领导人以"结果导向"为核心价值观，他很可能就处于"既要"的水平，连"也要"的水平都没达到，更不用说"还要"了。这个领导人要么不相信任何价值观，要么以结果导向为名，掩盖一些不可明说的价值观。

最后总结一下，为什么"将才"的产生需要既要、也要、还要？

完成当期业务目标，需要的是专业能力、操作能力。

建立流程/机制/系统，需要的主要是管理能力和全局视野。

塑造自己以及所领导的组织的价值观，需要真正的领导力。

专业能力、操作能力、管理能力和领导力，加在一起才是真正的"将才"。

本节作者为房晟陶。

第 5 章
CHAPTER5

文化塑造与组织

如何塑造文化？
绝大部分公司都忽视了"中三路"

如何塑造文化？图 5-1 展示了我们总结的一个简单方法论：上中下三路法。"上三路"指的是使命/愿景/价值观、业务规划、组织规划；"中三路"指的是经营管理原则、关键流程/机制/系统、人员能力标准；"下三路"指的是仪式/符号/英雄/故事、标准操作流程（SOP）及制度、提倡及反对的行为。

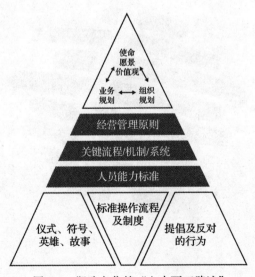

图 5-1 塑造文化的"上中下三路法"

要想塑造文化，必须上中下三管齐下，每路都不能缺。这上中下一共九路，越往上越抽象、越是理念式的，越往下越具体、越是动作式的。在一个公司里,"上三路"最高大上,经常被贴在墙上,很容易"貌似有"。"下三路"与员工动作联系最紧密,一抓就一大把,但很容易制造出各种"奇技淫巧"。而"中三路"往往是最容易缺失的。

没有"中三路","上三路"和"下三路"之间就没有真正的连接,公司所希望的文化就无法实现。就像健身教练重点要你锻炼腰背部核心力量一样,塑造文化最重要的也是"中三路"。

先谈谈"中三路"中最容易缺失的经营管理原则。所有原则都是基于使命、愿景、价值观的,但原则比使命、愿景、价值观更加具体,对日常工作生活中的实际问题有直接的指导作用。

绝大部分公司都没有真正的经营管理原则。

什么是经营管理原则?举个例子来说明。

三大纪律八项注意中的三大纪律就是原则:一切行动听指挥;不拿群众一针一线;一切缴获要归公。这简单的三条原则,就把人民军队的气质传神地描述了出来。

三大纪律是一个正向的例子。

我们再举个例子。比如,"三纲五常"中的"三纲"(君为臣纲、父为子纲、夫为妻纲)也是"原则"。这简单的三条就把中国偌大的封建农业社会管得服服帖帖。孔子当时向齐景公提出的治理国家八字方针——"君君、臣臣、父父、子子"是偏价值观和愿景的,要求君、臣、父、子各自按照应有之道去做,都要符合角色要求和规范。这

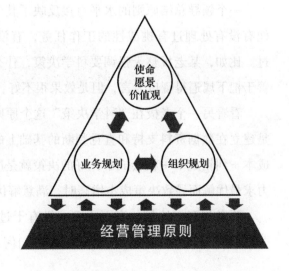

些与后来董仲舒提倡的"三纲"的意思相同吗？我觉得不同。尽管价值观和愿景更高、更正确，但在极具操作性的"三纲"面前，这些更高、更正确的价值观和愿景也无可奈何。孔子无辜背了很多骂名，不过他也有责任：光谈价值观和愿景，没有具体化为原则，这就给他人留下了任意阐述的机会。

换句话说，好的原则可以巩固价值观和愿景，但不好的原则会扭曲和出卖价值观与愿景。

从定义上来说，价值观更多是要珍视的"东西"，而原则更偏行动指针。用这个标准，大家可以来评价一下：华为提倡的"以客户为中心、以奋斗者为本"是偏价值观还是偏原则？我认为这两条都是偏原则的，是非常行动指针式的描述。

如何塑造原则呢？实际上也不难，你可以从"好人好事"开始积累，在若干实际工作层面（客户端、员工端、合作伙伴端、投资人端、社会端）创造案例和故事。案例和故事至少可以分为5个层次：感动、惊喜、满意、抱怨、愤怒。当你创造的感动、惊喜大大多于抱怨和愤怒的时候，你的原则就逐渐建立起来了，你的文化就逐渐塑造出来了。

一个领导总结原则的水平直接反映了其个人能力，因为从中可以看出他有没有处理过有挑战性的工作任务，有没有认真地思考、总结、反省过。比如，某老板整天强调要科学决策，什么事情都要讲精确的数据，很善于把下属逼得哑口无言，但是效果很不好，为什么呢？

看看另一个老板在"科学决策"这个原则方面做的总结和阐释：决策是建立在数据资料支持和直觉判断的基础上的；决策的成本是指决策过程成本＋纠错成本＋机会成本；好的决策就是决策成本最小而效益最大；当力求最优解而导致决策成本增高时，满意解优于最优解。

两者相互一比较，高下立现。没有干过多少实活的老板只知道空喊"不会错"的口号，但无法给别人提供如何"做对"的指导。真正练过，有过成功的经验和失败的教训，思考、总结、反省过且真实地面对过自己的人才会总结出真正的原则。

你说这些经营管理原则对塑造文化重不重要？没有经营管理原则，领导人太容易以高大上的使命、愿景、价值观来掩盖自己的不思进取及言行不一。

不过，经营管理原则还是偏"中三路"的上路。它与"上三路"联系紧密，还有点偏"虚"，它还得进一步落实到流程/机制/系统及人员能力标准上。

我们接下来谈谈"中三路"中的人员能力标准。

一谈到人员能力标准，很多人立刻就想到了"专业技术能力"。专业技术能力在价值观上是偏中性的，很难与价值观产生真正的连接。能与使命、愿景、价值观产生有机连接的是"行为能力"，比如现在已经比较普遍应用的"素质能力"。素质能力又可以分为通用素质能力、职能素质能力、岗位素质能力、高层领导力等。这其中，通用素质能力及高层领导力与使命、愿景、价值观和经营管理原则的关系最为紧密。

通用素质能力及高层领导力都是相对可以转移的能力。比如，通用素质能力一般会包括责任心及主动性，系统思考及解决问题能力，创造性执行，沟通及讨论能力，协作能力，影响及感染能力，学习适应能力和处理模糊、混乱和变化的能力等。高层领导力则大多包括高瞻远瞩、激励、赋能等。

如何定义及描述本公司所需要的通用素质能力，并落实在招聘、培训发展、绩效管理、任用与淘汰等各个环节，将直接影响公司的文化。

一个要求员工具备"处理模糊、混乱和变化"能力的公司和一个没意识到这个能力的公司，在文化气质上非常不一样。很多人难以理解，"处理模糊、混乱和变化"是个能力吗？这是个不常见的通用素质能力。具有类似专业技术水平的人，具不具备"处理模糊、混乱和变化"的能力，在一个创业公司中的绩效会有巨大反差。这种能力不是一天两天能训练出来的，往往是在长期的家庭教育、学校教育、工作经历中逐渐形成的。这种能力是创业者成功的关键。

如何评价这个能力呢？表 5-1 展示了通过仔细地观察、总结，我们可以给这个能力分级。

表 5-1 "处理模糊、混乱和变化"的分级评价标准

1 分	视模糊、混乱和变化为"不对"的事情 无法承受模糊、混乱和变化所带来的变化
2 分	勉强接受模糊、混乱和变化的不可避免性及正当性 模糊、混乱和变化会带来大量的焦虑及怨言，导致难以长期坚持
3 分	接受模糊、混乱和变化的不可避免性及正当性（尤其是在组织的初创阶段、快速成长阶段、变革阶段、创新阶段） 积极寻找各种方式去适应环境
4 分	能在模糊、混乱和变化等不确定下保持积极心态 能主动积极去拥抱变化；即使在模糊、混乱和变化下，也能给出清晰的行动指令
5 分	能在模糊、混乱和变化等不确定性下保持轻松心态 能在模糊、混乱和变化中发现创造价值的机会 能带动他人处理模糊、混乱和变化的能力
6 分	有在模糊、混乱和变化等不确定性状态下创造价值的实际案例 善于创造建设性的模糊、混乱和变化来促进创新及变革（但没有过度使用，比如没有整天创造无意义的混乱） 能指导他人处理模糊、混乱和变化的能力

达到 3 分是合格，达到 4 分是良好，5 分是优秀，6 分是杰出。

把人员能力标准描述和应用到这个程度，你看到了人员能力标准和文化之间的关系了吗？

同样方向的能力，用不同的名称，对公司文化的影响也很不一样。比如，要求员工具备"沟通及讨论能力"而不仅是"沟通能力"，要求员工

有"创造性执行能力"而不仅是"执行能力",要求高层具备"学习及自我突破能力"而不仅是"学习能力",这些差别看似微小但会导致文化上的显著不同。

还有,在高层领导力中加上"点燃自己"的要求,与只要求"高瞻远瞩、激励、赋能"就非常不同。这个"点燃自己"就是"有企业家精神的职业经理人"与"职业经理人"之间的核心区别。

能力即使名称相同,如何定义和具体描述,对员工的行为也会有直接影响。比如,两个都需强调"学习能力"的公司,一个偏传统行业的公司对学习能力的要求会更多强调"对典型案例的复盘和剖析""积极寻找榜样(现存或已逝),帮助自己学习提高""乐于应用、复制他人行之有效的方法"等行为;另外一个处于寻找业务模式阶段的公司,会更多强调"向未来学习",它可能会更多参考U形理论中的一些做法,比如提倡"去除评判之声、嘲讽之声、恐惧之声""打开头脑、打开心灵、打开意志""创造共同生成的场域"等行为。这两种学习能力对应的公司文化氛围非常不一样。

我们还可以从另外一个角度来阐释人员能力标准对塑造文化的影响。很多公司在设定人员能力标准时,如果在方法论上就缺乏通用素质能力及高层领导力这两个要素,那么在招聘实践中就难以做到先"为公司招人"再"为职能/岗位招人",很容易就只"为职能/岗位招人""为某领导招人",而忽略"为公司招人"。招来的人从底子上就很不一样,之后再想靠文化宣导或价值观考核把大家拧成一股绳,难度非常大。

有些人还会问:这些通用素质能力要求会不会每个公司都差不多?对于绝大部分处于创始人阶段的民营企业来说,每个公司都很不一样。决定一个公司人员能力标准最重要的因素就是创始人独特的人才审美。行业特征、战略、公司发展阶段在很多时候只能做配角。

总结一下:"中三路"中的人员能力标准,尤其是其中的通用素质能力标准以及高层领导力标准，对于塑造文化起着关键性的作用。"上三路"中的使命/愿景/价值观、业务规划、组织规划，以及"中三路"中的经营管理原则，必须非常具体地体现在人员能力标准上。如果没有这个血肉联系，公司想要塑造的文化就是空中楼阁。

人员能力标准算是"中三路"中最偏下的、与人联系最紧密的一路。我们最后再谈谈"中三路"中与业务联系最紧密的一路：关键流程、机制和系统。关键流程、机制和系统也算是"中三路"中的"中三路"。

简单说一下关键流程、机制、系统这三个概念之间的关系：关键流程、机制都是系统的组成部分；流程重整及机制设计是系统进化的重要手段。

文化容易让人误解，好像它更多是一种管理人的思想和行为的工作。实际上，对于一个企业来说，塑造文化最关键的还是在于业务流程、机制和系统方面的设置。如果只把文化理解为对内部员工的事情，是很容易自我陶醉和集体自利的。文化必须与企业业务成功及客户满意相互交融才能有生命力。

举个例子，你去西贝用餐，服务人员会承诺你"25分钟上齐一桌好菜"。如果超时了，服务员就会送你点酸奶或饮料以示歉意。另外，如果你说某个菜不好吃，这个菜就可以退掉。退掉的菜要放进"红冰箱"，事后员工会分析其原因并做出改进。这些业务流程、机制方面的设置，与其背后"幸福顾客：我们承诺，坚守实心诚意的西贝待客之道，想方设法为顾客创造惊喜，闭着眼睛点，道道都好吃"的经营管理原则直接相关。这个经营管理原则与西贝"创造喜悦人生"的使命，以及"全球每一个城市每一条街都开有西贝，是顾客最爱用餐地，因为西贝，人生喜悦"这样的愿景紧密连接。没有流程、机制方面这样的设置，仅靠员工热情的服务态度去实现"极致客户体验"吗？如果是那样的话，就有点太想当然了。25分钟上齐一桌好菜，背后是一整套的系统，包括菜品研究、中央厨房、员工训练、绩效管理等。

组织系统与公司文化有什么关系呢？简单来说，能否形成有功能的组织系统，是公司所倡导的使命、愿景、价值观和经营管理原则是否真正落地的最重要标准。

前面所说的价值观、原则、人员能力标准、某个片段流程、小范围的机制，作为独立的条目时是相对容易立住的，但在一个系统里，所有这些东西都是需要整合的。有的时候，做到了以客户为中心，却牺牲了对员工的承诺；善待了同路人，但可能对投资人不够好。一个系统将检验这些使命、愿景、价值观、原则、流程、机制是否内在匹配。

具体举一个人才选育用留系统的例子来说，它的功能和目标是：找到、吸引、保留适合企业发展阶段的人才；高效转化及融入；将人才配置到合适的岗位；不适合的人适时离开。

要想实现这样的功能，一个公司、组织要做很多事情。比如，人才选育用留系统一般会有以下这些典型、相关的子系统：人员标准（通用素质能力、领导力、职能/岗位素质能力、专业能力）；中基层人才招聘及融入；管理培训生的招聘及早期发展；特定类别人员的招聘系统，如销售代表；人员调配；职业序列及等级；干部选拔任用；人员编制；人才盘点；晋升、降级与辞退；轮岗；继任者计划；绩效+潜力综合评估等。

我们经常可以观察到，一个公司做了很多事，比如人员能力标准定义得非常深入、人才盘点的程序做得很严谨、干部选拔任用也有明确的制度等，但整体就是连不起来，形成不了想要的功能。定义出这些标准、程序、制度是一回事，将这些东西变成组织的习惯和功能是另外一回事。这两者之间的差距就是系统。

为什么就不能连成整体呢？这背后一定存在价值观、原则互相打架的地方。如果这些东西在打架，你说这个公司的文化塑造起来了吗？

在一个人才选育用留系统上实现价值观、原则的集成，达成所需要的功能已经很有挑战，在四类十个组织系统上进一步集成的挑战就更大了。

关于组织系统的概念以及一个公司由哪四类十个系统组成，请参见第 2 章第二节的内容。

另外，建立组织系统本身就是非常考验价值观的事情。我们的文化传统里面有很强的"君为臣纲"的纵向领导力传统，但建立组织系统恰恰需要横向领导力、网络领导力，必须更多靠协商、说服、参与来实现，无法靠领导强势的要求、流程梳理、政策规定来实现。所以说，在建立组织系统这个维度上，不仅会考验这个公司是否有价值观和原则，而且会考验它有的是什么样的价值观和原则。某些价值观和原则本身就是与建立组织相抵触的。

所以，如果说一个公司没有运行顺畅的组织系统，它所宣扬的使命、愿景、价值观和经营管理原则肯定还只是浮于表面而已。

以上简单介绍了塑造文化的"中三路"，希望对读者有所启发。我们的核心观点是：要想塑造文化，"中三路"是关键。当然，我们绝对不是在忽视"上三路"及"下三路"的价值。没有"上三路"的引领和"下三路"的拱卫，"中三路"也容易不上不下很尴尬。

本节作者为房晟陶。

文化就是"标准",你同意吗

什么是企业文化?对于这个问题,每个人的回答都不一样。

本节跟读者分享一下我对企业文化的最简版定义:**文化就是"标准"。**

这个理解是怎么一步一步进化来的?下面我简单阐述。

我对企业文化的定义不是起源于某本书或某个理论。我对企业文化的定义首先来自我职业生涯中的第一个大咖领导:1995～2001年我在宝洁工作时的大中华区人力资源总监(后来他做了宝洁全球的首席人力资源官)。

他说:culture is common behavior。中文翻译过来就是**"文化就是普遍的行为"**。

他这么说,我觉得挺有道理、言简意赅,而且这位领导本身既有能力又有人格魅力,于是我就自然地信了。我也没有太深究其理论来源如何、有没有其他更好的定义、有什么局限性等。

我估计,绝大部分的实战派,都是这么成长起来的。

这个定义指导了我的工作多年,挺好用的。既然文化是普遍的行为,那么塑造文化就是塑造普遍的行为。换句话说,就是塑造"好习惯"。这跟培养一个孩子的道理是类似的。比起那些把文化理解为员工活动、年会、内刊、年度口号、员工表彰等事情的那类定义,这个定义要英明至少两个数量级。

十年之后,当我做了一个公司的CHO之后,我开始觉得这个定义有点不足了,尤其是将这个定义用于公司的高层人员的时候。对于高层人员而言，普遍的行为虽然仍然适用，但是行为背后的理念也非常关键。这帮"老油条"很容易在行为层面表现得很"普遍"，但在背地里并不认同。所以，不能光看行为，还得挖掘一下理念。

于是我就把这个定义改进了一下：**文化就是普遍的行为＋共同的理念**。

新的定义虽然承认文化中要包含"共同的理念"这一部分，但我在实际操作中还是比较强调"普遍的行为"。因为我认为"理念"也需要通过"行为"去塑造，而且，我还有另外一个在实践中总结出来的理念：优秀的企业文化大体相同，不优秀的企业文化各有不同。这句话的意思是，所有企业要去塑造的"共同的理念"都差不多，无非就是这四项：追求卓越、实事求是、以人为本、信任。一个企业的文化出了问题，一定是这几个基本方面出了问题。

这个定义又指导了我几年，用着也还不错。

当我跳出单个企业，从外部和比较的视角看很多企业，尤其是在观察很多处于创始人阶段的民营企业的时候，这个定义又遇到了一些挑战。

到这个时候，我有意识地认真阅读了一些文化方面的"教科书"。

比如,埃德加·沙因的《组织文化与领导力》这本书,我虽然很早就知道这本书,但真正认真读还是这几年的事情。埃德加·沙因教授对组织文化是这么定义的:"一套共享的基本假定,由特定群体在处理**外部适应和内部整合**问题的过程中学习而来,由于运作效果好而被认可,并传授给新成员作为感知和思考与外部适应和内部整合有关的问题的正确方式。"

另外,他把文化分为了三个层次:①**外显的人为事物**,包括组织结构、政策规定、员工行为;②**表层的价值观**,反映在战略、目标、运营方式、决策方式和管理风格中;③**核心的基本假设**,它看不见,但驱动着组织成员,反映在组织成员的行动中。

我觉得这个定义及层次划分都非常好。定义中关于外部适应、内部整合这两个要素的同等强调非常关键。在对待文化这件事情上,把文化弄成一个偏内部的事务(比如变成了领导希望的价值观落地)是个非常普遍的现象和致命的问题。

参考沙因教授的定义,我试着又改进了一下文化的定义:**文化就是普遍的行为 + 共同的理念 + 无意识的基本假设**。比起之前的定义,这个定义多了"无意识的基本假设"这个部分,如图 5-2 所示。

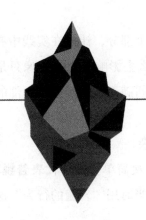

普遍的行为

共同的理念

无意识的基本假设

图 5-2　文化的定义

对于文化中"无意识的基本假设"这个层次,过去我虽然承认有这种事情,但是并没有充分地重视它。当我从外部观察和比较创始人与企业文化之间的关系的时候,这个要素才变得必不可少。这些创始人虚心学习,比着葫芦画瓢,参照标杆企业的行为、理念要求去管理自己的组织,但是管出来的组织完全没有别人家企业的味道。这背后的关键要素是什么呢?我认为就是创始人的一些无意识的基本假设。这些无意识的基本假设与创始人的人生经历、职业经历直接相关。表面上同样的行为要求、理念要求,在不同创始人无意识的基本假设影响下,产生的效果是非常不同的,有的甚至是严重走形的。

普遍的行为+共同的理念+无意识的基本假设,这是个相当全面的定义(既有冰山上的又有冰山下的)。这个定义我还没使用多长时间。不过,我已经发现了这个定义的一些问题。

首先,"普遍的行为+共同的理念+无意识的基本假设"这三部分都太强调共同性,有些忽略行为、理念、假设本身的"正当性"。举个例子来说,中国历史上的"三纲"以及《三字经》这种统治、管理、教育实践也塑造了"普遍的行为+共同的理念+无意识的基本假设",而且应该说塑造得相当成功。但如果这就是成功的文化塑造,似乎总是让人觉得有点不舒服。

还有,新增加的"无意识的基本假设"这个部分,让人在实践中有无从下手之感觉。既然是"无意识的",你能怎么去影响呢?它好像只是从外部人、学者的视角把文化这个概念搞得比较圆满而已,对组织内部的管理者有什么帮助呢?

当然,最致命的问题是,**这个定义有点复杂**。

我是个实战派。我深知,实战派天然就喜欢简单。**简单代表着锐利**,代表着"易理解""易传播""易操作",就像我当时用"普遍的行为"这个简单的定义指导了我自己多年的实践一样。

在不否定复杂性所包含的丰富性的同时,我得给实战派(包括我在内)一个更简洁的定义。

一个方案是再返回到"普遍的行为"这个简单的定义。这么做虽然有点返璞归真,但是这个返璞归真并没有把过去几次进化的精华(共同的理念、无意识的基本假设)包含进去,也没有修正这个定义的一些问题(比如过于强调共同性)。

新的定义必须既简单,又与过去的理念有机关联,还对于实战派有指导意义。

……

略去无数的思考、郁闷、苦恼、欣喜、希望的瞬间。

突然,这样一句话就冒出来了——**文化就是"标准"**。

如何理解这句话?以下抛出一些不同角度的诠释,供读者体会。

首先,什么是标准?举几个例子说明一下。

比如,在如何对待工作中的模糊、混乱和变化这件事情上,从①视模糊、混乱和变化为"不对"的事情,到②勉强接受模糊、混乱和变化的不可避免性,到③接受模糊、混乱和变化的正当性且能主动去适应,到④能在模糊、混乱和变化中保持轻松心态,到⑤能在模糊、混乱和变化中发现创造价值的机会,到⑥能够创造建设性的模糊、混乱和变化以促进创新及突破。这样的递进就是标准的递进。你可以评估一下你的员工群体、中高层群体在这个维度上能达到什么标准。

当然,标准不需要都弄成这样规整的递进关系,可以就是简单的一两条线。比如,你的公司为客户提供什么标准的产品及服务(注意,高端不代表高标准)?你的组织有没有真正的价值观,还是只是个利益团伙?上下级一起吃饭,是否上级买单?敢不敢辞退低绩效的员工?中高管能否做到用6页纸公文的形式提出系统的方案?开餐馆的敢不敢承诺客户只要觉得不好吃就可以退菜?做服装的敢不敢承诺衣服卖出去两周内可退可换?

高管能否做到能上能下？高管能否召开"走心会"，能不能主动披露可能的利益冲突事项？等等。

这些都是标准。一个企业的文化，就是由这样的一个个具体的标准凝聚而成的。

这些标准不仅涉及"行为"层面。标准至少已经包括"行为"背后的"理念"，也会触及"假设"层面。所以它已经包括了全面定义（普遍的行为＋共同的理念＋无意识的基本假设）的大部分内涵。

标准不是一个创始人及一个组织天生就有的。标准需要被学习、被塑造。塑造文化就是塑造标准，塑造集体标准、共同标准。标准有从刻意的、想象的标准到自然的、习惯性的标准转化的过程，也有从个人标准、局部标准到集体标准、共同标准转化的过程。

在哪里体现和塑造标准？在实际的对人、对事中体现和塑造标准。再具体来说，标准可以分为对客户的标准、对员工的标准、对供应商的标准、对领导者的标准、对质量的标准、对团队合作的标准等，塑造文化就可以从这些领域下手。

标准比"行为"更丰富。一个组织在某方面有标准，一定意味着这个组织在这方面的行为、理念已经达到了相当程度的"普遍"。从这个角度讲，标准已经包括了"普遍的行为"的大部分内涵。

标准具有相对性。在对比和竞争中更能明显地看出标准。每个组织都会有"普遍的行为"，但不是每个组织都有"有竞争力的标准"。将文化定义为"标准"会引导组织的领导者首先从外部视角看文化问题。

标准更容易激发对"正当性"的关注，而不仅是考虑"共同性"。这在一定程度上能缓解"普遍的行为＋共同的理念＋无意识的基本假设"这个定义过于偏重"共同性"的问题。

用标准这个定义，比起"普遍的行为"，更容易建立"文化"与创始人的价值观、无意识的基本假设之间的联系。组织在某一方面的标准问题，一定可以联系到创始人及领导人个人在该方面的标准问题。创始人的标准问题可能是因为视野不够（比如没有见过有标准的案例），或者因为能力不够，或者因为价值观模糊等。

标准的"行动性"更强。与标准相关的动词一般是建立、提高、改变。标准要随着外部、内部环境的变化不断演进。这种"行动性"对于实战派来说更加适合。相对来说，"行为""理念""假设"这几个词，更偏向于静态分析。

总而言之，**文化就是"标准"**。这就是我对企业文化最简洁的定义。我把这个定义以及它的来龙去脉分享出来，希望对读者有所启发。

这个定义本身**并不否定"普遍的行为＋共同的理念＋无意识的基本假设"这个全面的定义**，它只是给实战派提供了一个简单的替代方案。对全面性比较看重的人仍然可以使用比较全面的定义。当然，如果你还是比较喜欢"文化就是普遍的行为"这个定义，或者"普遍的行为＋共同的理念"这个定义，也没有问题。正所谓，一千个人眼中有一千个哈姆雷特。在这个问题上，我们没有必要整齐划一。了解你为什么那样定义以及你选择的定义的优劣势更加关键。

本节作者为房晟陶。

对"龙湖的主流'社会价值观'"一文的回顾

"龙湖的主流'社会价值观'"这篇文章是我在2009年龙湖上市前后所写。

这篇文章的撰写过程,大大加深了我对"企业文化"这个议题的理解。我也期待将这篇文章纳入本书的文化塑造这一章,会对读者有所启发。为了忠实于历史,以下是2010年1月15日定稿的文章原文和原版配图。

龙湖的主流"社会价值观"
(20100115 第四版)

"爱干活""不给领导提包""志存高远,坚韧踏实""有企业家精神的职业经理人 + 操心员工""善待你一生""简单直接 + 职业化""对事不对人,亲密有间""敢辞""大公司、小组织""地域灵活性""成功 = 宁静的心灵 + 人生的目标 + 金钱的自由 + 健康 + 爱""高管无功就是过""同路人"等这些词句,龙湖员工耳熟能详,已经成为龙湖文化的标志性符号和语言。

- 为什么会是这些词句呢?
- 龙湖文化是否真的与众不同?
- 这些不同是否能帮助企业产生可持续的竞争优势?
- 如果这些不同有价值,如何保护这些不同?
- 未来,我们还要继续建立哪些不同?

本文就试图与你共同探讨这些问题,希望能够引起你的思考、共鸣、质疑、批判，也期待你的意见和建议。

公司小的时候，有比较明确、集中、有机的商业价值观对其生存发展很重要。这些商业价值观包括利润等于营业额减成本、客户导向、规模经济、产品线、市场细分、产业链、资本运作、竞争战略、品牌等。但一个公司不仅是个商业、利润机器，它还是个小社会，而且，随着公司的规模增大，其小社会的特征愈加明显。一个小社会的竞争力及可持续性，随着其规模的增大，会越来越依赖于其社会价值观的竞争力、有机性、集中度。在商业价值观上很有机、很有竞争力，但在社会价值观方面不够有竞争力、不够有机、不够集中，是不足以支撑一个现代化大公司的持续健康发展的。

以一个现象来阐明两种价值观的区别：从一个企业跳槽到另外一个企业工作，很多人做得不太成功时都会说是因为不适应企业文化。具体是不适应什么呢？这要分为两部分。不适应新公司的商业价值观，更多是因为个人的经验能力、学习适应能力方面的问题。比如，在一个以低成本为主要竞争策略的企业里训练出来的很多能力，到了一个以差异化为主要竞争策略的企业里，其价值是大打折扣的。在这种情况下，如果不能迅速适应、学习、扬弃，是不容易成功的。

另外一种不适应就是不适应新公司的社会价值观。对于这种不适应，员工个人会有强烈的感觉，可以用点滴的事件来例证，但很难系统阐述（只好代之以皱眉摇头加无奈地苦笑）。例如，在一个公司里，不给领导提包天经地义，但在另外一个公司里，你不善于给领导提包，前途就很堪忧了。再例如，在一个企业里领导讲完话没人发言，而在另外一个企业里领导讲完话期待你发表自己的观点。由于这些不同而引起的不适应，就是个人价值观与新公司社会价值观之间的不适应。

相对来说，企业之间的商业价值观不同是比较容易辨别和理解的，对比研究一下其年报、了解一下其产品就可以略知一二。大部分有一定成熟度的商界人士也都会承认，不同企业的商业价值观本身并没有绝对的对错之分（比如，不能说多元化就是错的，专业化就是对的；也不能说做高端就是对的，做低端就是错的；更不能说做精品就是对的、高规模化、标准化就是错的）。此外，企业的商业价值观，会因为市场竞争情况、国家政策、公司发展阶段的变化而不断有所调整，这些调整的逻辑也较为容易理解。

但企业在社会价值观方面的不同及变化是不容易被描述和辨别的，而且这方面的不同极易引起对与不对的争辩。改变企业的商业价值观很难，但改变企业的社会价值观也不容易，尤其是规模大的时候。这就意味着，在企业成长的早期，如果不能植入有竞争力的社会价值观基因，待其规模大了，需要这些社会价值观的时候，再想植入就很难了。到那个时候，有些在早期跑得很快但不太注重企业社会价值观建设的公司，即使其有很有机、很有竞争力的商业价值观，也会明显地慢下来、乱开来，甚至倒回去、倒下去。

本文的目的就是将龙湖需要保护和进一步建立的主流社会价值观明确地描述出来。龙湖发展了15年，刚刚成功上市，规模还算中小，还处于二次创业期间，在这个时候把主流社会价值观总结、提倡出来，是个适合的时机。描述的方式是选择了六个比较容易理解和对比的文化维度，描述在这六个维度上龙湖主动做出不同取向。这六个维度中有三个维度是荷兰心理学家霍夫斯泰德用以描述不同社会文化的维度：个人主义与集体主义、不确定性规避、权力距离。这六个维度并不是完全相互独立的，也不是同等权重的。但这并不是个问题，因为我们的目的不是在学术上无懈可击或者追求排比对称的美感，而是要让员工比较容易理解。

这六个维度可以分为两类。第一类有三个维度：权力距离维度；普遍主义－特殊主义维度；中产阶层维度。这类维度，龙湖已经有了明确的选择，员工也在广泛践行，是龙湖文化标志性的特征。我们自己知道这些价值观对龙湖很重要，进一步明确地描述出来有利于我们更加有意识地理解它、珍视它、保护它。

维度一：权力距离

一个权力距离高的组织认可组织内权力的巨大差异，员工对权威显示出极大的尊敬。称号、身份及地位占据极为重要的地位。权力距离低的企业，上级仍有权威，但员工并不恐惧上级。低权力距离与平等有很强的相关性，组织氛围越平等，权

力距离就可能越低。在低权力距离的组织里，权力甚至会让拥有它的人感到不好意思。很多人都会尽量低调行事，让自己看起来没有任何官威。所谓的亲民就是拉近权力距离的表现。在一个权力距离低的组织里，如果你想让你的上级给你做一件事情，你很可能会说："我星期一需要你的明确意见。"但在一个权力距离比较高的组织里，你更可能这样说："如果不是很麻烦的话，您周末百忙之中抽点空看看，写得不妥的地方请您批评指正。"在后一种情况下的结果很可能是：领导周末根本没看（他也没觉得你那么急），周一没有给谈判方意见，结果整个计划贻误了"战机"；如此等等。在这个维度上，龙湖的明确取向是低权力距离：如果以 0 为最低，100 为最高的话，龙湖的位置应该是在 10～30。我们所处的社会的平均水平在 70～80。权力距离太低也会出现问题。比较明显的包括，员工从一些权力距离高的组织来到龙湖，会觉得龙湖的领导没什么威严。有些人甚至会因此对领导产生轻慢之心。还有就是，如果有的领导为了权力距离低而低，把亲和力变成了自己的第一优点，这就过了。亲和力是好的，但这不是员工对领导的首要要求（取得结果、建立竞争力是更重要的要求）。在权力距离低的组织里面，平等的讨论会更多，而讨论往往会比专断多费些时间，所以在某些时候也会影响决策和速度。

与低权力距离这个取向相关，在文化管理方面我们就会有很多敏感管控点。龙湖在公司内部所提倡的简单直接的沟通，其内在的本质就是低权力距离。其他敏感管控点包括：领导的办公室大小（不能很大，最高层领导也不超过 20 平方米）；领导办公室的位置（不能是最好的位置，你已经有独立办公室了，就把光线好的开放办公位让给员工吧）；不到非常必要，不能给任何领导设秘书、助理，甚至龙湖就根本没有秘书、助理这个职位名称；下级不允许给上级提包、开车门、扶电梯；反对下级对上级点头哈腰，也不重用这样的人；严禁说"请××总/首长做重要讲话/指示"；决策前提倡平等的争论讨论，决策后坚决执行；鄙视会上不说，会后乱说，马后炮；在内部给予工作建议时，使用倒置法（即先讲建议、结论，再讲依据）；给上级提出工作建议时，多让上级做选择题，少做开放式的问答题；严禁在公司内部使用"妥否，请批示""阅""已阅""拟同意，转××阅"这样的用语；开大会时不让领导坐在主席台上面向员工；内部聚餐时不能按职务高低分层排桌；反对"级别越高，掌握的真理的程度就越高"的论调及行为；不设那么多官职名称及层级，不以虚高的官职名称（如总裁助理、董事长助理）去吸引潜在员工；反对用虚高的职务名称来明升暗降；反对给领导排座次、排出场顺序；反对内部文件用政府红头文件的样式等。

维度二：普遍主义 – 特殊主义

普遍主义和特殊主义指的是处世态度。普遍主义指能超越血缘、地缘私情，愿意把原则适用于所有人的处世态度，又可称为"对事不对人"。这是所有现代制度建立和运行的最基本的人的处世态度保证。普遍主义态度被认为是都市的、商业的、现代的。特殊主义是指因人而异、亲近疏远、厚此薄彼、血缘主义、地缘主义。特殊主义被认为是传统社会或农村共同体的文化特征。持特殊主义态度的人，对团体内、对自己人、对血缘亲戚或地缘关系人，表现为重团结、重道德、亲近；对团体外、对外人、对血缘或地缘外的人,则冷淡、冷酷、漠视和不道德。如果一个社会或组织缺乏普遍主义态度,那么一切现代化制度都是徒有其表。企业不能树立普遍主义态度,就会使血缘、人情、交情凌驾于能力和利润原则的基础上,万事以情为重,企业成了亲朋好友的团聚会,只能发展小作坊经济。

思想家马克斯·韦伯认为,所谓现代化进程,在组织结构和方式方面,就是官僚制组织形式在所有团体里(诸如国家、教会、学校、企业、医院等)普及发展以及不断强化的过程。官僚组织在这里不是贬义,而是指一个现代的、理性的、规模化的机构,如果被称作"科层制"会减少很多争议。科层组织需要具备五个重要特点:①依法处理事务,即依据相应的规矩、原则或法律法规,而不允许办事人员恣意;②明确分工;③职级制度,所有人员都处于上下级关系当中,具有不同范围的权限;④文字化沟通及记录;⑤客观公平的态度。科层制的危险是走向官僚主义,但科层制的基础理念需要应用于所有现代化的组织里。在这五个特点里,前四个是比较容易从表面上实现的(当然,第一点中依据原则行事也很难),第五点"客观公平的态度"是最难的。我们可以观察到,很多组织制度健全、职责明

确，但是在客观公平的态度上，差距很大。这样的组织不是现代的科层组织。没有普遍主义的原则，一个企业，即使所处行业再前卫，公司再挣钱，规模再大，也不是一个现代化的组织。整个中国社会在现代化的过程中，可以说特殊主义是最难啃的骨头之一，甚至是个毒瘤。在这个维度上，龙湖明确的取向是提倡普遍主义，反对特殊主义。如果用数字来衡量，0为普遍主义极端，100为特殊主义极端的话，我们的分位差不多就在20～30。我们整个社会在这个维度上的平均水平是80～100。

龙湖一直对特殊主义存有高度的警惕。创始人在公司里没有任何亲属及好友就是一个重要标志。另一个标志就是不允许公司里有亲属。到目前为止我们做得不错，但我们必须提起一百个警惕心，因为即使没有亲属，老部下、老同学、老同事、战友、酒友、旅友、病友、牌友、网友等这些关系都很容易成为特殊主义的温床。特殊主义如此盛行，肯定是因其有吸引力及内在价值。比如，特殊主义有时会给我们带来安全感和幸福感，因为人与人的关系是让我们快乐的重要因素。还有，在发展人方面，适度的特殊主义、"开小灶"也是有效率的。很重要的一点是，在工作中建立的正向的"特殊主义"，也是组织中的"信任资本""社会资本"，会大大提高一个组织的运行效率。这是我们留下20～30的特殊主义成分的原因。

从另一方面讲，普遍主义走到极端，也会有很多问题，比如待人冷冰冰，没有一点人情味，不去与重要相关人（如下属、重要合作伙伴）建立理解和信任等。甚至有人会把这些都说成是职业化的表现，这就过了。在这样的环境下工作，每个人都戴着面具，整个公司会缺乏真诚与热情，员工也会逐渐变成没有人性的机器。所谓人的异化就是这么回事。很多人讨厌大组织就是这个原因。与普遍主义－特殊主义这个取向相关的具体管控点包括：禁止有任何校友会、老乡会等各种以地缘、感情等为纽带的组织；不提倡很容易被理解为感情、人情重于绩效能力的"家文化"；员工可以成立以兴趣为纽带的协会（如摄影、健身等）；人员调动中不能形成大量带老部下的风气；禁止下级给上级送礼或请客吃饭；严格控制员工人数，在同等规模下组织规模最小；禁止迎来送往、接风洗尘；反对员工之间家庭般地称兄道弟；接受、鼓励项目团队人员之间在战斗中形成的同志友谊；不鼓励中高层管理人员之间过度的私人层面交往，甚至拜把子；不鼓励员工之间有非应急性的金钱关系等（如上级借给下级钱买房）；不鼓励员工之间借婚丧嫁娶送大礼（达到社会习俗可接受水平即可）；鼓励对高绩效、高潜力的人群适度的"偏心眼"和"开小灶"；对新员工，尤其是应届毕业的新员工，可以有适度的特殊关怀；提倡正式沟通与非正式沟通的平衡，反对八卦文化（即过度的非正式沟通，非正式沟通甚至成了主流）；员工必须及时申报各种可能的利益冲突事宜（如与配偶的公司有业务往来等），并回避相关决策等。

当然，在一个特殊主义盛行的社会中，提倡普遍主义是难度很大的。在大量的对外工作中，只用普遍主义原则是不够的，这确实会给某些岗位的员工带来一定程度的"分裂"。我们要做的就是提高控制这种切换的能力而不是非黑即白。

维度三：中产阶层

中间阶层，是真正建立一个和谐社会的关键基础。龙湖致力于创造一批现代的、可持续的、有竞争力的中产阶层。

龙湖的主流价值观是中产阶层的。龙湖成功的定义是"成功＝宁静的心灵＋人生的目标＋金钱的自由＋健康＋爱"，就是现代中产阶层价值观的生动描述。现代中产阶层是相对于传统中产阶层而言的。小企业主、店主、遗产

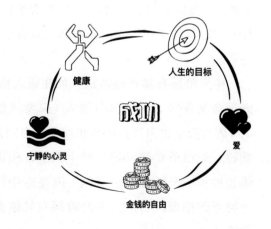

继承者都属于传统中产阶层，而现代中产阶层更多是靠专业知识及管理专长来安身立命的人。职业经理阶层是典型的现代中产阶层。

两个规模一样的企业，其阶层结构可能是大相径庭的。一个企业的阶层结构可能是这样的：一个老板；少数伪中产阶层（伪中产阶层指的是其在经济上是中产阶层，但其技能不具备可持续性，对老板仍然有相当程度的人身依附）；广大的民工阶层。而另外一个企业的阶层结构可能是中产阶层占主流。当然，一个企业的阶层结构不光由这个企业的价值观选择决定。企业所处的行业、其在产业链中的位置，是根本因素。比如，一个劳动力密集的、产业链内弱势环节的制造企业，是比较难产生大量的、可持续的、现代的中产阶层的。

龙湖给员工的价值定位的基调就是：你可以从一个学生可预见地发展为一个可持续的现代中产阶层（往往是平民子弟，通过聪明、勤奋、教育、机会改变自己的命运，实现人生的价值）。我们的职等体系及薪酬体系就是这么设置的。2/3级是中产阶层入门端，4级是中产阶层中低端，5级是中产阶层中端，6级是中产阶层中高端，7级是中产阶层高端，8级是高高端，9级基本上就进入另一个阶层了。比3级低的S级、1级、2级员工中的一部分虽然在经济上达不到中产阶层，但对比从事同样工作的其他公司的人，在薪酬上有竞争力，并且也有发展为3级以上的通道。

中产阶层有其普遍特征，如注重人格独立、注重身心平衡、爱参与、既革命又保守、不憎恨有钱人（只要其钱是正道来的）也不会瞧不起穷人（因为自己也穷过，而且也可能再穷回去）、喜欢理财购房置业投资、爱旅游、重视子女教育等。举个例子，和讯网将自己定位为"中国财经网络领袖和中产阶层网络家园"就是对中产阶层喜欢理财购房置业投资这一特点的把握。当然，中产阶层有其值得警惕的可能问题，如媚俗、势利等。

与这个维度的选择相关，我们的具体管控点包括：在确保劳动生产率有竞争力的基础上给员工提供有竞争力的薪酬；提倡员工成为有企业家精神的职业经理人，但不培养小老板，管理上不实行以包代管的承包制；相对广泛的员工股权计划参与，让员工通过公司股权来分享公司的成长与成功，而不是通过项目利润分成来分享项目的成功；对员工高标准严要求，帮助员工培养能创造价值的真才实学，成为可持续的中产阶层；在跨地域、跨业务板块、跨职能调动员工时征求员工意愿；开展员工活动时注重中产阶层的特点等。

在公司下一步的发展过程中，我们也要避免高层管理者的贵族化倾向。即使收入再高，他们也主要是靠自己的技能生存的人。保持中产阶层的价值观本色，对于他们领导的其他中产阶层人员能起到重要的表率作用。

中产阶层有理由对自己阶层的先进性充满信心。我们的社会不会因为有几千个富豪而和谐，国家也不会因此而富强，只有当中产阶层占据了比较大的比例，社会结构成为纺锤形时，我们的社会才会和谐，国家才能由内而外地强大。

需要说明的是，房地产行业的平均利润率较高是其目前能产生很多中产阶层的主要原因。从这个角度讲，这种行业状态中创造出来的很多中产阶层都是伪中产阶层。未来行业竞争的胜利者将是能真正创造价值的组织。能创造价值的组织才能产生可持续的中产阶层。

还要强调的是，龙湖产品的客户绝大部分是中产阶层（中产阶层中端、中高端、高端、高高端），尤其是现代中产阶层。只有在经济上和精神上都很中产的员工队伍，才能真正理解中产阶层，做出能打动中产阶层心灵的产品。从这个角度看，主流社会价值观中有足够的中产阶层含量是非常关键的。

我们再来谈谈第二类的三个维度：个人主义－集体主义维度、不确定性规避维度、现代－后现代维度。这三个维度是我们部分践行、提倡的，但整个组织的理解深度不够，还有一定争议，集中度不够。把这些维度明确地描述、提倡出来，有利于统一思想，减少纠结，使行动更加笃定，成效更好。

维度四：个人主义-集体主义

这是个最容易引起争议的维度。因为个人主义很容易与自私自利、贪婪、个人英雄主义、冷漠等联系在一起。这种联系里有很多误解。个人主义的美德是追求自由和承担责任。集体主义的美德是团结、友爱、利他。

在个人主义价值观下，对人的评价完全依据个人的能力和品德，人们的家庭背景不是很重要。承担法律和社会责任的也是个人。个人与团体没有人身依附关系而是一种自由契约关系。个人对团队除了负有契约内的责任之外，团体不再是个人为之献身的目标，而是实现个人的各种需要的手段。在集体主义价值观占主流的组织里面，家长、族长具有绝对权威，个人与团体及首领之间往往存在人身依附关系。在极端情况下，个人甚至被视为可以为团体及首领而牺牲。

在个人主义及集体主义这个维度上，龙湖要提倡以个人主义为本质。这种选择的最重要原因是：企业高层管理岗位（如地区公司总经理、CEO等）的内在本质首先是个人主义的。一个现代化的公司，如果不能自身源源不断地产生有竞争力的高层领导者，是不会长久的。而要产生一代代有竞争力的高层领导者，组织文化中没有足够的个人主义含量是不行的。我们可以观察到，一些企业家是不折不扣的个人主义者，但其麾下全都是集体主义者。在这样的结构下，如何实现未来领导团队的更替？部分中层管理者以集体主义为主流价值观是可以胜任中层岗位的。但一个企业有无数胜任的中层管理者，而没有有竞争力的高层领导者，也是前途堪忧的。在外部市场平稳、一切顺利的时候，大家不需要个人主义者甚至讨厌个人主义者，但在公司遇到外部市场巨大变化、遇到挫折、需要变革时，大家就该需要个人主义者了。"我劝天公重抖擞，不拘一格降人才"以及"国难思良将，家贫思贤妻"，就是这个道理。

另外，个人主义对创新和突破很关键，因为所有开创性、突破性的工作本质上都是很个人主义的。对于公司日常的绩效来说，如果我们不注重保护个人主动自发的精神、个人进取心，代价将是非常高昂的。龙湖产品的品质需要员工主动积极地创新、创造性执行。新进入一个城市，新开拓一个市场，更需要突破。从这方面来说，保持足够含量的个人主义也是非常关键的。这里注意，我们需要的是真正的个人主义者，而不是伪个人主义者。伪个人主义者确实存在。真正的个人主义者需要经过几重考验。第一重考验是他必须真正追求自由并承担个人责任（尤其是承担"无限责任"的心态和能力），自由与责任永远不可分离。第二重考验是他要能培养出其他真正的个人主义者。不能培养出其他人才的个人主义者，要么是自私的个人主义者，要么是无能的个人主义者。

第三重考验是，真正的个人主义者是尊重、关心他人的，是把人当作人的。与此相关，真正的个人主义者是能与其他人合作的。这一点尤其重要，因为它提供了一种可持续的人际理念，即建立在尊重、关心基础上的人与人之间的关系，而不是要么就是哥们，要么就是路人，甚至敌人。

在个人主义-集体主义这个维度上，如果是以个人主义极端为0，以集体主义极端为100的话，龙湖的范围大致是30～50。美国社会在所有国家里个人主义程度是非常高的，可能会达到0～20。

中国企业的个人主义程度并不是很低。比如，所有农户都是一个自负盈亏的企业家。还有，企业家是最典型的个人主义者，企业家阶层的涌现并走向社会舞台的中心，对肯定及传播个人主义起到了不可估量的推动作用。如果这些企业家中有一些是真正的现代企业家而不是光想赚钱的老板的话，作用就更明显，在道德上也更有说服力。但龙湖不能像美国社会有那么高的个人主义，还是要提倡集体主义。这样做会大大减少个人主义者受到的道德压力。这种外立面包括团结、友爱、乐于助人等。这有利于个人主义者更有效地成功，人际上更幸福。

在个人主义与集体主义这个维度上，龙湖在管理实践中关键的管控点包括：人才的定义（有企业家精神的职业经理人 + 操心员工）；进行针对个人的绩效评估、潜力评估（而不是仅对团队做绩效评估），并坦诚与被评估人沟通；奖金、薪酬、晋升速度要充分拉开差距，不搞平均主义；敢于辞退不胜任或不适合的人员（但要有坦诚的沟通、合理的绩效改进期）；对于高管，继续提倡"无功就是过"；薪酬保密制；引导员工对个人的长远职业发展负责；愿意给潜力付薪酬，持续不断地招收有潜力、有个性的应届毕业生；鼓励员工明确表达自己的职业理想和目标，而不是鼓励"夹着尾巴做人"；不重用那些表面上想表现出自己没有任何非分之想，但实际上认为自己很行，希望领导尽快重用自己这个人才的人；不设助理、秘书这种职务名称，也减少副经理、副总监等这类副职，每个岗位都有独立的职责而不应是其他岗位的附属品；把发展他人当作衡量一个管理人员的绩效以及提拔任用的重要方面；在选拔一把手岗位以及高管岗位时，宁选有优点、特点但也有明显缺点的，也不选那种没什么缺点、面面俱到但也无突破力的；提倡员工待人热情、乐于助人；鼓励和认可员工对团队目标与工作伙伴的投入，提倡"有纪律的投入型文化"；公司奖项设计中既有个人奖项也有集体奖项；鼓励长期服务，但不提倡"家文化"，且明确反对"家长制"领导作风；在外聘中层以上人员时，把是否有较长的连续服务时间（如在某家公司连续服务五年以上）作为应聘者工作经验质量的重要考量；提倡精英但不提倡不能协作的精英；不把温良谦恭当作选拔人才的首要标准；允许价值观上适合公司、离职前绩效表现不错的员工重新加入公司；公司对外保持适度低调等。

个人主义与低权力距离也息息相关。在以个人主义价值观为主流的组织里，权力距离也会相对低。由个人主义价值观激励的人更愿意质疑而不是无原则地接受。这是低权力距离的重要基础。还要提醒一点，这里所谈的个人主义不是指个人英雄主义。个人主义最基础的东西是把人当作人、尊重个人、追求自由、承担个人责任，这些与一般意义上我们反对的个人英雄主义是不同的。当然，我们也不应该反对真正的个人英雄主义。如果你仔细回味西方大片里宣扬的很多个人英雄主义，你会发现，该人物只有在为了他人的福祉而去逞英雄、奋斗甚至牺牲时，才能成为真正的个人英雄。只为自己的利益去逞英雄或为了逞英雄而逞英雄的人，都不是真正的个人英雄主义者。

维度五：不确定性规避

我们生活在一个不确定的世界中，未来在很大程度上是未知的。不同的社会以不同的方式对这种不确定性做出反应。一些社会使其成员接受这种不确定性，人们或多或少对风险泰然处之。他们还能对与自己不同的行为和意见表现容忍，因为他们并没有感觉到因此而受到了威胁。这样

的社会就是低不确定性规避。新加坡、瑞典、丹麦都有很低的不确定性规避。高不确定性规避的社会以成员的高焦虑水平为特征，以不安、压力、进取为证据。在这种社会中，由于人们感到受社会中不确定性和模糊性的威胁，因此他们创建机构来提供安全和减少风险。他们的组织可能有更正

式的规则,人们对异常的思想和行为缺乏容忍,社会成员趋向于相信绝对真理。在一个高不确定性规避的国家中,组织成员表现出较低的工作流动性,终身雇用是一种普遍实行的政策。属于这类的国家有日本、葡萄牙和希腊。

应该说在这个维度上,中国社会的不确定性规避是适中的。在这个维度上,如果以极端低不确定性规避为 0(即极其不害怕不确定性),极端高不确定性规避为 100 的话,整个中国社会差不多是 30~50 的水平,龙湖应该也处于 30~50 的水平。需要保持低不确定性规避的一个重要原因是,这是培养高层领导者、培养企业家精神、培养有真才实学的职业经理人的必要环境。如果个人不直接面对市场的不确定性,不为自己的行为负起责任,看不到自己的行为对业务结果的影响,他们就学不到管理市场经济中的一个企业的真才实学,就不会成为独立的主体,就不会成为有企业家精神的职业经理人。如果一个组织走向高不确定性规避,员工就会一味要求公司来保护他们的生活水平和安全,而不是通过承担责任、冒险去创造。组织大了,就会有一定的倾向把所有事情都弄得程序化。在那种环境下培养出来的人会是温室里的花朵。为了得到"规范"的虚名而去规范的做法是缺乏智慧的。

龙湖集团与这个维度相关的管控点包括:在有企业家精神的职业经理人的要求中,高管所需的一个关键能力就是面对不确定性;反对制度主义,反对为了规范而规范;作为上市公司,我们要主动去符合各种外部监管的文字及精神要求;建立简单、有效但不完美的管理政策,不追求在每个政策上都对所有员工、所有业务单元公平;高潜力员工要去经历新公司开创的环境,不断将高潜力员工轮换到非常不同的新环境中去;集团总部管控时要注意秩序与创造的平衡,要容忍一定程度的创造性所需的混乱;招聘成熟大企业出来的人时要重点考察此维度;不走向高福利体系;鼓励和认可长期服务,但明确反对终身雇用,注重终身可雇用性;对高层人员实行"无功就是过"的绩效态度;不惩罚因冒正常的险而造成的损失;继续提倡建立"好学善变的大公司、小组织"等。

维度六：现代 – 后现代

现代价值观非常注重获取、进取，后现代则注重幸福和自我表达。一般人们觉得后现代人缺乏上进心和事业心（一谈到"90后""00后"就一片哀叹声）。对于后现代，大家更多看到了它的负面，觉得他们老是否定、悲观和虚无。实际上这里也有些误解。

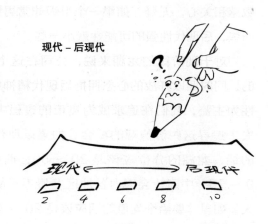

现代 – 后现代

后现代主义否定的不是现代的存在，而是它的霸权，不是它的优点而是它的局限。它欣赏现代化给人们带来的物质及精神的进步，同时又对现代化的负面影响深恶痛绝。具体来说它至少有三个方面的建设性因素：①后现代推崇创造性的活动，推崇创造性的人物与人生；②他们信奉有机论，倡导对世界的关心爱护，更热爱地球；③后现代鼓励多元思维风格，倡导平等，喜欢对话。

用一个例子来阐明，"GDP崇拜"就是太过现代了，就是把发展简单等同于GDP增长，其负面后果非常多。而科学发展观里面就包含了很多后现代的积极内容。对于一个公司来说，有个科学发展观也同样重要。单纯地追求销售规模及增长速度是最差的，单纯地追求利润稍好但也不够，追求市值比追求销售规模、利润更好一些，但也不能成为唯一标准。只有从多个方面平衡地去考虑，才能实现可持续发展。

这个现代 – 后现代维度，与霍夫斯泰德的另一个衡量文化的维度——生活数量 – 生活质量，有一些类似之处。生活数量 – 生活质量这一维度最初也叫男性主义与女性主义维度。虽有性别歧视之嫌，但用男性主义与女性主义来描述更容易理解。有的组织的文化强调生活数量，就是男性主义，这种文化的特征是过分自信和物质主义。有的文化强调生活质量，即女性主义。这种文化重视人与人的关系，重视品质，对他人的幸福表现出敏感和关心。无疑，如果一个组织非常男性化，其现代性强的可能性就大一些，后现代性强的可能性就小一些。

对于现阶段的龙湖来说，公司在这个维度上肯定是要以现代为主流的，同时要以开放的心态拥抱后现代精神中的建设性因素。如果不以现代性为主流，我们在追求成为良币的过程中，很容易就被劣币驱逐了，会失去追寻这些价值观的机会。如果以现代极端为0，后现代极端为100的话，龙湖的分位应该是20～50，而整个中国社会在这个维度上是0～70。中国社会因为各地区发展不平衡，所以在这个维度上跨度非常大。如果非要给个均值的话应该是20～40。与中国社会均值相比，龙湖数值的低点与中国社会均值的低点差不多，但龙湖的高点要高一些，这也能使我们为未来保留变革的先机。

与这个维度相关，需要注意的管控点包括：持续把"爱干活"当作龙湖选人的重要标准；要求每个高层领导都要有部分精力从事直接生产性活动（而不是仅仅做听汇报、做报告、出席各种仪式等间接生产性活动）；不对所有员工"一刀切"而是有所分别，对管理岗位上的人员要以现代性为主要要求，而对专业技术类人员在现代性的要求上略低一些，对行政类人员的要求就更低一些；仕官生的招聘标准要持续以培养中高层为目标，提供一个长期职业发展机会而不仅是份工作；持续招聘应届毕业生，避免公司内出现"现在的年轻人不行"的论调；主动积极地教育既想要发展又想安逸的人，及时让小富即安或不思进取的人离开重要管理岗位，甚至离开公司；提倡平等的讨论及对话（对话的本质并非用一种观点来反对另一种观点，也不是将一种观点强加于另一种观点之上，而是改变双方的观点，达到一种新的境界，真正的对话总是蕴含着一种伙伴关系或合作关系）；招聘年纪较长的员工、从极其规范的企业出来的员工时要考察其"现代"及"后现代"水平是否适合龙湖；鼓励高层领导与年轻的新员工多接触，了解新生代员工的特点；保护员工论坛上员工自由、匿名发言的权利；在招聘时向潜在员工传递龙湖的偏现代性取向，不要让员工进来后有很大落差；鼓励并认可员工的地域灵活性，在保障薪酬、晋升等方面向通过地域灵活为公司做出了贡献的人员倾斜；使用平衡计分卡来综合衡量公司的表现，将客户满意度、重复购买率当作衡量公司绩效的重要指标，而不仅看财务指标；女员工在公司全员的占比要在 30%～40%，中高层里有 20% 以上的女性；提倡工作、发展与生活的三维平衡，而不是狭义的工作与生活的双维平衡；不提倡"工作是为了不工作"的论调；保持务实、简朴的工作作风，反对形式主义及繁文缛节；外部招聘时不招那种觉得自己已经成功不需要再奋斗的人。

以上阐述了在六个维度方面龙湖的取向，最后总结一下。

对比国有企业、外资企业，土生土长的民营企业的一个先天优势是，在选择自己的价值观方面有更大的主动性和空间。它可以根据自己的行业、竞争环境、不同发展阶段、业务策略，进行价值观的组合，并不断验证其竞争力，不断调整。

一个企业如果能够建立有竞争力的、有机的、集中的社会价值观，也会成为其强大的竞争力。在西方商业教科书中，很少会把文化和管理本身当作核心竞争力，但在现时的中国，企业文化本身在产生企业竞争优势方面所起的作用要远远大于其他主流价值观较统一的商业社会。

龙湖在社会价值观方面的选择与龙湖的商业价值观碰撞、结合在一起，就形成了我们公司的五个核心价值观：追求卓越、人文精神、企业家精神、信任／共赢、研究精神。十大管理原则也是这些核心价值观的外延。从在六个维度上龙湖所做出的选择来看，龙湖所提倡的主流社会价值观与很多企业的价值观是很不一样的，特别是在权力距离、普遍主义－特殊主义、个人主义－集体主义这几个维度上。这就意味着龙湖文化的独特性、艰难性。这些选择的出发点不是为了与别人不同，更不是为了孤芳自赏，所有这些社会价值观的选择标准都是：有利于建立一个有竞争力的、永续经营的、卓越的公司。我们同时也要看到希望。看看"90后""00后",看看他们与父母亲密无间甚至"称兄道弟"的关系,我们就可以知道整个社会的权力距离一定是会降低的;看看现在的父母对子女的教育,就会强烈地感觉到真正的个人主义精神的成长;看看他们的志愿者活动、环保活动,我们就会感觉到,在无所谓的外表后面那些积极的、现代的因素。所以我们可以说,时间是站在我们这边的,我们完全有理由对我们的选择充满信心,对未来充满信心。

有些人看了之后可能会觉得,这些选择是否会把龙湖变得很像美国的企业?不是的。在几个关键维度上,我们的选择和美国还是很不一样的。如在个人主义–集体主义这个维度上,我们达不到美国社会那么强的个人主义程度。在权力距离这个维度上,龙湖也不会像美国社会那么低。作为发展中国家中的一个快速发展企业,我们的现代性水平远强于美国社会。从这几个维度讲,我们的目的不是变成一个美国企业。

从人员管理、组织管理、文化管理的角度,如何在具体工作中,保护、建立这些主流社会价值观呢?实际上这些都不是额外的工作,完全可以和基础的管理工作联系在一起。第一个也是最关键的就是选人,要在选人(外部招聘及内部选任)的时候就选择个人价值观与公司主流社会价值观比较匹配的,这在选择中高层人员时更加关键。第二个就是坚持不懈地宣导:反复重复;放大典型的小事(这样既能传递信息也不至于伤害人);文字化公司的导向以提高传播力;将宣导的职责制度化(给中高层管理人员及人力资源人员)。第三个就是敢辞,敢于让不适合公司价值观的人员离开,这种离开绝对不是对其能力的否定。第四个是,在每项公司管理政策尤其是涉及员工的政策的制定、沟通、执行中,都要从这些社会价值观维度进行对标。

需要特别说明的是,说主流就意味着有非主流,组织大了必须有一定的包容性。每个人都有自己不同的信念和价值观体系。另外,我们如果对自己的价值观有信心,就要有一定的耐心去让与我们略有不同的人融入我们的组织里。对于非常不同的人，我们可以让其离开这个组织，但不能对其进行否定和迫害。

最后一个重要问题，这些选择对龙湖的员工意味什么？意味着我们与别人不同？意味着我们要付出更多？这些会是可能的结果，但不是我们初始的目的。意味着我们每个员工收入更高？有可能，因为在这种选择下，公司的劳动生产率会有一定竞争力，这是高回报的基础。我觉得，有三个方面值得重点一提。第一，它意味着作为一个企业我们可能做得更强、更长，员工工作的平台更可持续。第二，它意味着我们能成为一个现代的公司，员工因为公司越大而越痛苦的可能性大大降低，公司不会变成员工的牢笼。第三，它意味着我们可能能为这个社会做出一点特别的贡献：建立一个可能的卓越组织。

本文还有一个现实价值，就是能够帮助员工更好地理解、看待、应对公司文化的变化。经常会有员工感叹公司文化变了，尤其是服务时间较长的员工。如果不加以沟通引导，很容易降低对公司的认同感。以下这些简单逻辑可以帮你更好地应对变化。

（1）企业文化可以分为社会价值观及商业价值观两个部分。企业对自身社会价值观的影响较大，社会价值观也可能长期保持稳定。但商业价值观受外界环境影响较大，公司必须先外后内地与时俱进（哪些调整，哪些保持，哪些开始，哪些抛弃）。

（2）龙湖在社会价值观方面，目前有应该坚持不变、发扬光大、防止腐蚀的地方，比如权力距离、普遍主义－特殊主义、中产阶层这三个维度；也有尚未牢固但对未来竞争力很重要的领域，如个人主义－集体主义、不确定性规避、现代－后现代这三个维度。我们的社会价值观工程尚未完成，员工应秉持一种攻守兼备的心态，而不只是一种守住甚至沉醉于以往做得好的地方的心态。龙湖在社会价值观方面有与众不同的基础而且是有竞争力的。未来我们会继续与众不同而且会更有竞争力。

（3）在龙湖的商业价值观方面，如果和任何一个其他地产公司相比，我们都有自己的独特之处（比如，有些公司更地域聚焦；比有些产品品质更高；比有些公司产品线更长；比有些公司更规范）。但在商业价值观方面，我们不能为了追求与众不同而去与众不同，尤其是不能偏狭地以单一维度来把公司分成好公司和不好的公司（如以产品主义的观点来评判公司的好坏）。商业价值观方面的竞争力必须以能否长期生存、发展，以及公司价值是否持续不断提高这些指标来衡量。

（4）目前，公司确实处于新的商业价值观不断成型的过程中。我们最不应该做的就是长期停留于龙湖是否变了的争论中。我们的持续挑战就是要及时地、明确地、低成本地让员工及组织了解哪些要调整、哪些要保持、哪些要开始、哪些要抛弃（在社会价值观方面及商业价值观两个方面）。再进一步的持续挑战是确保客户、潜在客户、投资人、潜在投资人、员工、潜在员工、供应商、潜在供应商、媒体、政府等各利益相关方对于"龙湖是谁，从哪里来，到哪里去"有持续的、基本一致的理解和期望。

本节作者为房晟陶。

有真故事的组织才能凝聚高量级的人才

什么是组织？从社会视角看，组织就是故事和信仰。一群人因一个故事和信仰而凝聚在一起。

企业不仅是个盈利机器，也是个组织，尤其是规模大了之后，其社会性会越来越明显。一个好的企业组织不能只靠一个逻辑上站得住脚的业务模式。业务模式往往只能满足"脑"和"体"的需要，但满足不了心、灵的需要。有真故事的业务模式才能成为有魅力的模式，才能吸引和滋养高量级的人才，才能走得远。

这个故事的成色就反映了企业家及领导者的精神底色及哲学层次。企业家及领导者的精神底色及哲学层次也决定了企业家及企业的成色。

什么是真故事？我用一个简单的公式来促进读者思考：真故事＝因××而自由。中间的××是一个企业家及领导者需要填上的核心词。下面举几个例子。

你的故事可以是"因奋斗而自由"。想一想华为的"以奋斗者为本"以及海底捞的"双手改变命运"，是不是都有点这个感觉？

你的故事可以是"因自愿而自由"，或者"因服务而自由"。想一想特蕾莎修女。非营利领域的很多创业者及领导人的精神底色就是这样的。

你的故事可以是"因梦想而自由"。想想阿里巴巴的"让天下没有难做的生意"，是不是有点这个意思？

你的故事也可以是"因自由而自由"。想想谷歌，是不是有这种感觉？

大部分企业的故事都不是单维的。比如我最近接触较多的西贝有这样的提法："西贝永远不上市，把利分给奋斗者""把利分出去，把爱传出去"。西贝正在塑造的故事就是"因奋斗而自由"+"因爱而自由"。

当然，这个因××而自由的公式是过度简化的。我的目的是抛砖引玉，促进读者思考。

要想判断一个企业家、领导者是否有真故事，你就拿这个简单公式去嵌套，看看这个企业家或领导者在长期的实践中体现出的实际故事是什么。

有些人的故事不仅不是真故事，而且是邪恶的故事，比如因可以欺负人而自由。当然，这并不代表这些故事没有效力，有些欺世盗名的故事也可以"引无数英雄竞折腰"。这类邪恶的故事还远远不如虽然通俗但不邪恶的"因有钱而自由"。我们希望那些邪恶故事尽早崩塌和破产。

有些人的实际故事是"因业绩而自由""因别人认可而自由"。这些都是成色不足的故事，难以触动高量级人才的脑，更缺乏触动人心灵的力量。讲这样故事的人，一般在源头上就缺乏安全感和富足感，在智慧上缺乏时间感和空间感。

另外一些人的故事要好得多，比如因产品而自由、因模式而自由、因技术而自由。这些故事能触动一些高量级人才的脑，但还不足以触动心灵，会在企业发展的某些维度上遇到瓶颈。

从"真故事"这个视角，可以解释企业组织中的很多现象。

比如，为什么创始人交班及传承这么难？业务上、能力上的交班和传承相对还容易，但是故事非常难以传承。即使一个继任人非常认可创始人的故事，但是因为继任人难以复制创始人的特别经历，继任人与"创始人的故事"之间难以有真正的化学反应和浑然天成的结合，难以"自带流量"。于是，讲得虽然是同一个故事，但故事的效力已经大打折扣了。

很多创始人都选择了能够理解和认可其故事的继任人。这种做法凶多吉少。更好的做法是选择一个自己有真故事的继任人。这个继任人的故事要在某个深刻的维度上与创始人的故事高度重合，但在其他维度层次上非常不同。同时，继任人的新故事要有一些触动创始人心灵的力量。不然，继任人也很难长期得到创始人的信任。

再比如，一个企业为什么长期难以形成"真高管团队"？一个重要的原因就是企业家及企业没有真故事。故事和信仰是人的根本需求。高量级的人才会对故事及信仰有更苛刻的要求，他们会"逐水而居"。

怎样才能有真故事呢？我虽然对于真故事本身有个"神奇公式"——真故事＝因××而自由，但是，对于如何产生真故事，我目前还没有什么绝招和秘方。不过，有一点我非常肯定：真故事是实践和修炼出来的，不是花几天共创一下使命、愿景、价值观就可以有的。真故事是有生命力和魅力的，一接近它，你就会感受到它，虽然在大部分情况下，你无法描述它。

真故事是个奢侈品。对于大部分人来说，在滚滚红尘之中，都无法有真故事。从某种程度上讲，故事就像是生命，生命就是个故事。企业破产了，还能从头再来。但是，故事破产了，生命在某种意义上就结束了。

本节作者为房晟陶。

你的公司有没有打动心灵的组织愿景

很多公司的愿景实际上就是一个字：大。

换个说法美化一些的话，很多公司的愿景实际上就是"独角兽"或者"市值千亿"。

如果能达成这样的目标，确实能给创始团队成员、投资人、部分高管带来高峰体验，也会给员工带来一定的自豪感。

不过，这种体验经常是短暂和小范围的。

愿景的一个作用是为这个公司定义"什么是成功"。"独角兽"和"市值千亿"对于给组织提供一个短期的、清晰的目标很有力量，但它对成功的定义还不够丰富。"独角兽"和"市值千亿"与客户、员工、社会缺乏深入的心灵联系。

很多人还没有意识到，对于绝大部分人来说，"怎么活着"比"活成什么样子"更重要。

优秀文化的实质不是鼓励员工拿命换钱。企业存在的目的不只是为了证明创始人很牛。那种能够"出人头地"的"成功者"在人群中永远都是少数，在任何一个社会、组织中都是如此。

绝大部分人在日复一日的重复性工作中需要意义感。意义感就是灰暗与混乱的现实中的那一束光，也是冰冷和无奈中的那一丝温暖。

他们，更准确地说是"我们"，已经成熟到不期望每天都能阳光灿烂。我们只需要偶尔有一丝温暖、一束光，那一丝一束让我们感受到意义的温暖和光。温暖就是心，光就是灵。我们需要一些触动心灵的东西，让我们感觉到自己也是"主角",而不仅是"嫁衣"和"尘埃"。

一个好的企业愿景,除了规模、市值目标之外,至少还要考虑这样一个关键问题:你是否能为员工和社会贡献一个优秀的组织?

对这个问题的回答,就是为绝大部分员工提供意义感的关键。对这个问题的回答,就是公司的组织愿景的核心部分。

你的公司有组织愿景吗?或者更准确地说,你的公司愿景里有组织部分吗?

阿里巴巴的 2019 年 9 月 10 日之前的愿景里有三句话:分享数据的第一平台;幸福指数最高的企业;活 102 年。这其中"幸福指数最高的企业"以及"活 102 年"就是公司愿景中的组织部分或者说组织愿景。

腾讯上一版的使命是:通过互联网服务提升人类生活品质;上一版的愿景是:成为最受尊重的互联网企业。使命和愿景都比较平实。腾讯新一版的"科技向善",在回答组织愿景这个问题上,比起上一版的使命和愿景就向前走了一步。

龙湖的使命和愿景是:为客户提供优质的产品和服务并影响他们的行为,在此过程中,成为卓越的企业并创造机会。这其中的"创造机会"重点指为员工创造机会,也是直指组织愿景。"卓越"二字也包含了在员工及社会维度方面的组织愿景。

西贝的使命是"创造喜悦人生"。"喜悦"既包括客户的喜悦,也包括员工的喜悦。"喜悦"二字包含了丰富的组织愿景成分。另外,西贝的领导力要求即"好汉精神"中,也有"把爱传出去,把利分出去"这样的组织愿景成分。

这些公司愿景中的组织部分,纯粹从理性的角度、工具主义的角度看都不是完全必需的。这就是组织愿景的特点。要想让组织愿景有生命力,它必须有作用于心和灵的非理性力量。

组织愿景要回答的实际上是这样一个问题:你想建立一个什么样的

"山巅之城"？组织愿景比偏专业的组织策略更重要。可以说，走心走灵的组织愿景就是走脑走手的组织策略的源头和"指北针"。

在一个公司里，谁应该为组织愿景负责？

创始人兼 CEO 责无旁贷。因为创始人兼 CEO 就是组织这个产品的首席产品经理。在组织方面肩负着操盘责任的人员（比如 CHO、CPO、HVRP）也会有很大影响力。其他核心领导人不一定有把这事干成的能力，但经常会有让它干不成的能量。

不同创始人在组织愿景上的天赋是非常不一样的，因为每个创始人的基因、成长经历都不一样，致使价值观及组织想象也都非常不一样。有些人在创业初期就能在组织愿景方面有所思考并付诸实施，比如他们绝对不允许资本把自己推到只论成败的境地；有些人在发展过程中能够后知后觉，不断学习进化出组织愿景；也有非常多的人，只有在组织已经积重难返的时候，才会反省自己在这方面的失策和天赋不够。

每个创始人都有机会。不同的人"开悟"的方式不一样。很多创始人在年轻的时候忙着证明自己很牛，甚至认为组织愿景这种事是虚伪、软弱的表现。但其中有一部分人，随着阅历的增长，尤其是在过了不惑之年之后，也可能产生质的变化。我们不能武断地评判谁就一定行，谁就肯定不可能。对此我们只能"盖棺定论"。

打动心灵的组织愿景，在当下是优秀文化之共性，在未来是优秀企业的刚需。经济的发展，为现代经济体系中的参与者提供了在工作和组织中追求"意义感"的物质基础。社会的发展，让现代经济体系中的每个人都意识觉醒，追求成为"全人"。没有打动心灵的组织愿景的企业，将在未来的人才争夺中败下阵来。

当然，每个创始人都应该意识到，他们是多么的幸运。他们比别人更有机会把自己的组织愿景付诸实践，创作自己心仪的"山巅之城"。这是一件于自己、于员工、于企业、于社会、于子孙后代都非常有价值的事情。

与此同时,追求意义也是每个创始人的根本需求。愿景不仅是给员工和利益相关方的,也是给创始人自己的。当追求牛的愿望已经得到充分满足之后,一个包含了组织愿景的公司愿景,是公司进一步发展、创始人进一步成长的刚需。

我愿,我能,我们一起。希望每个创业者都能找到打动自己、打动员工、打动利益相关方的组织愿景。

本节作者为房晟陶。

第 6 章
CHAPTER6

人力资源管理与组织

HR 必须懂业务吗？
这件事得有三个前提

我认为"HR 必须懂业务"这件事至少得有三个前提。

第一个前提是，业务中高层得自己先多懂点业务。

业务中高层自己都不太懂业务，却希望 HR 懂业务，这个要求就没有什么价值，而且，业务中高层都不太懂，HR 想懂也没人能教得了。更有甚者，有些公司连要做哪方面的业务都没想清楚就要求 HR 懂业务！

有些业务中高层会挑战说，我整天都在做业务，你怎么能说我不懂业务呢？

我还整天都在坐飞机呢，难道这就意味着我懂飞机了？这个类比虽然有点抬杠的意味，但是话粗理不粗。

很多业务中高层懂业务的程度是严重不够的。很多高层久疏战阵，手感早都没了。即使还自认为懂，很多人懂的也是过去那段粗放式发展阶段的业务。那种懂的程度，不仅不能叫懂，在新的发展阶段中甚至是公司发展的障碍。

如果懂的话，你能否把公司的运营系统建立起来？那样的话，公司的中高层就不用整天忙着"救火"，就能有时间把组织工作列上日程了。

如果懂，你能否创建出属于你们公司独特的 KPI？总是停留在销售额和利润这种表层的、谁都会说的指标上，你是真懂业务吗？

如果真懂业务，你难道会说不清楚公司业务需要什么特质的人才吗？

业务中高层深入懂业务，组织问题就已经少一半了。

第二个前提是，让业务中高层先多懂点组织，再让 HR 去懂点业务。

业务中高层不懂组织造成的损失远比 HR 不懂业务大。

实际上，企业绝大部分的组织问题都是由这些不懂组织的"伪高管"造成的。业务中高层懂点组织，基本上就轮不到 HR 有什么事情了。

你以为你能拢住一帮好兄弟你就是懂人才、懂团队了？那就是个团伙而已，而且还是"藩镇割据"的前奏。

你以为搞点使命必达的活动就是懂文化了？行，反正你说什么是文化就是文化。

绝大部分公司的领导团队都无法在组织方面进行高效的讨论。一个平均智商在 120 的领导团队在组织方面迅速可以降到平均智商 90。原因就是大家不大懂组织。

领导层在组织方面就这个水平，让 HR 去懂业务能有多大作用？关键的组织决定有哪个是由 HR 单独做出来的？

投资于中高层的组织管理能力的回报率远远高于让 HR 去懂业务。

老板们，做人要精明一点啊。

第三个前提是，让 HR 自己多研究点组织。

很多公司所说的 HR 懂业务，充其量也就是了解点基本的业务场景、一二级流程顺序和常用的业务词汇。在我看来，那不是真正懂业务。

HR 不去钻研人才、团队、文化、系统、变革这些组织专业议题，那就是有点不务正业，不钻研自己的业务。

很多 HR 不懂专业的程度也是非常严重的，干了十几年，最后也就是发展了点协调沟通的能力而已，生生地把一份专业含量很高的工作做成了玄学和宫廷政治学。

HR 不懂专业，即使了解了业务之后能有什么专业手段去帮助业务呢？难道是为了了解之后更愉快地交流吗？做人能不能讲点专业啊？

这样的 HR，把他们直接调去做业务不就得了吗？人力资源部也就顺便降级为二级部门了。

可以说，不愿意研究组织的HR也是非常欢迎"HR必须懂业务"这样的口号的，因为这可能会解决他们认为HR没有什么职业前途和钱途的问题。

以上这三个方面，我认为就是"HR必须懂业务"的前提。

"HR必须懂业务"这个口号特别具有**大义凛然感**、**真知灼见感**。如果你的公司真的已经发展到了"HR不懂业务"是主要矛盾的阶段，那么恭喜你，你们公司在组织方面真的已经是非常高级了。不过，我敢说，99%的公司都不是这样的。大部分公司在这三个前提方面都还有很大差距。

实际上，很多领导也都知道这个道理。

可是领导们为什么还是一味要求"HR必须懂业务"呢？

一个原因就是这个口号"肯定不会错"。这个必须懂业务的要求不仅可以用在HR身上，还可以用在所有其他中后台及职能部门身上。

另外一个重要的原因就是，一部分领导想给组织问题找点"背锅侠"：组织有问题是因为HR不行；HR不行是因为他们不懂业务。看似证据链完整，实际只是自圆其说，根本上是逃避责任。不过，领导权力大，又说得那么义正词严，让人怎么反驳呢？

看到这里，有些人会挑战：你说别人是错的，那你说该怎么办？难道HR就不需要懂业务吗？他们就整天坐在办公室里聊天吗？要HR有什么用啊？

当然不是。我的观点如下。

第一，让业务高层（含创始人兼CEO）懂组织远比让HR懂业务重要。投资在业务高层的组织管理能力上是一个回报率很高的投资。业务中层还不需要达到管理组织的水平，但是要学会管理人才和团队，并有组织意识。高层必须能够管理组织这件事情里的其他三个关键要素（除了人才和团队之外）：文化、系统、变革。

第二，HR高层及人力资源专业中心（HRCOE）人员必须懂组织，要把它当作一个专业来研究。在懂组织的基础上，HR高层及HRCOE要让业务中高层更多懂组织，让业务中层懂人才和团队。

第三，在业务上，HR高层以及HRCOE人员必须懂得发展战略、竞争战略、运营战略的大逻辑。了解这些大逻辑对于HR高层构建与之匹配的组织策略非常重要，对于HRCOE给出组织干涉建议也非常重要。业务单元的人力资源业务伙伴（HRBP）要对运营战略及运营一二级流程有充分了解。从这个角度说，HRBP完全可以由业务人员转身来做。对于共享服务中心（HRSSC）的人员来说，深入了解这些共享服务是最关键的，因为这些服务本身就是"业务"正常运营的一部分。

综合来说，如果没有前面谈到的三个前提，HR想懂业务也懂不了。即使看似懂了，价值也不大。片面、孤立地要求"HR必须懂业务"背后的底层逻辑就是把业务和组织分开甚至对立来看。殊不知，组织和业务是你中有我、我中有你的关系。

本节作者为房晟陶。

人力资源部要不要改名？
切忌换汤不换药

人力资源部需要改名吗？对人力资源这个职能没有长期实践及深入感情的旁观者，很容易说出"拆了它"这种话。大权在握的老板们，容易只从公司考虑而忽视员工及人力资源工作者的需求。

我认为要不要改名要从以下三个方面考虑：①现有名是不是有问题？比如，是否有严重误导？是否名不副实？②新的名称是不是就好？比如，它是否能解决现有问题？是否会创造更多、更大的问题？③名称改变之后，人力资源职能定位、工作内容及工作方式有没有实质变化？不能从这三点充分考虑，改名就是文字游戏，没什么实际价值。

基于上述三个方面的考虑，我的总体结论是：改名之事未尝不可，值得探索；事实上，很多中国民营企业已经开始了这样的探索和实践，一股改名潮已经隐隐袭来。

为什么改名值得尝试，我得从头说起。

我的实践与感悟

我对人力资源职能的理解是在宝洁工作期间奠定基础的。1995年我大学一毕业就加入了宝洁从事人力资源工作。那时，即使宝洁这种出身美国的世界100强企业，从人事（personnel）改为人力资源也没有几年。具体来说，中国宝洁是1993年从人事发展部改成人力资源部的。在那个阶段，宝洁对于人力资源该干什么、怎么干也在不断改进。对于初入职场的我来说,更是在努力探索人力资源这个职能的定位。

对我产生了重大影响的一本书是戴维·尤里奇(Dave Ulrich)的《人力资源转型:为组织创造价值和达成成果》。这本书是1996年年底时任宝洁大中华区人力资源总监的南穆海(Moheet)推荐给我的。南穆海先生是一个能力非常强而且非常有个人魅力的人,十几年后他担任了宝洁全球的首席人力资源官。尤里奇教授在《人力资源转型:为组织创造价值和达成成果》这本书中所描述的四象限模型——人力资源人员要成为变革推动者(change agent)、战略伙伴(strategic partner)、行政效率专家(administrative expert)、员工支持者(employee champion),对当时年轻的、在外企工作的我有着很强大的指导意义。

离开宝洁,我去上了一年MBA。2002年回来之后,我开始给很多民营企业做人力资源管理方面的咨询。绝大部分民营企业的人力资源管理状态离四象限思维的描述还是有比较大的差距。在用这四象限框架沟通人力资源应该干什么的时候,客户的感受更多是不明觉厉,但很难产生真正的对话。不过,我当时还是倾向于相信四象限框架是普适的。但我已经开始隐约有点感觉这个思维框架在应用层面需要与中国国情相结合。当然,我对"中国国情"这四个字是非常警惕的。大部分情况都是没有什么特别的中国国情。所以,这种想法也就是一闪而过。

我在龙湖集团(一个彻底的民营企业)的实践,既是我进一步实践和验证这个四象限思维框架的时期,也是我初步形成自己的人力资源管理方法论的时期。在龙湖工作初期(2004~2007年),"人"的工作确实占主要部分。2008年以后,占据我主要精力的逐渐就不是"人事"了。"人事"主要指建立能力标准、重整招聘流程及渠道、中高层人员的入职引导、开发及讲授培训、人力资源团队发展等。

到2009年,组织、文化方面的工作已经远远多于"人事"了。哪些不是典型的"人事"呢?使命/愿景/价值观的迭代、沟通及"布道"、集团总部的组织设置、总部与分部的关系设置、基本业务单元组织发展规律的研究总结（比如一个地区公司的组织发展规律）、参与上市筹备、制订股权激励计划、董事会的丰富、核心高管人员的进出、CEO 的更迭等。当然，还要将大量时间花在各种会议上（办公会、年会/半年会、预算会、务虚会及战略会等）。这里注意，很多人认为核心高管的进出及 CEO 的更迭是"人事"。不是的，一个核心高管进入一个公司，能否融入及发挥作用，只有一小部分是"人事"，更多是战略、组织、文化的事。

到 2009 年的时候，在有了差不多 14 年的人力资源实践经验且在任职一个独立公司的人力资源一把手大约 4 年之后，我对人力资源的职能定位有了自己相对固化的总结：**我们管理组织的能力及气质，以帮助公司取得一个个阶段性的胜利。**这个时候，"组织"这个词已经出现，并占据了重要位置。

这种人力资源职能定位与尤里奇教授的四象限思维框架是什么关系呢？我那时的体会是，四象限对人力资源人员的角色感是非常有指导意义的，**但这个思维框架更像是人力资源专业人士自己内部的语言，是人力资源专家教育人力资源工作者的思维框架，而不是人力资源人员与客户之间的沟通语言。**

如果我要向创始人兼 CEO 及其他高管解释人力资源是干什么的，用这个四象限的框架容易把业务高管搞得一头雾水。我如果说"我们是战略伙伴、变革推动者，还是行政效率专家及员工支持者"，他们接着就会问"那你们究竟是负责什么的"，你要是再接着说，四种角色合起来就是一句话，我们就是战略性业务伙伴。他们就会再接着问"**你们究竟是负责什么的战略性业务伙伴？管人的？人都是我们在管啊**"。

再往后到 2010 年、2011 年，我越来越感到，用"人力资源管理"来描述我的工作和定位，以及指导我的团队工作已经不太准确及有效，甚至谁要是说我是个人力资源人员，我都有点隐隐的不悦。不过，因为我当时的职务是执行董事兼首席人力资源官，所以我把这种不悦更多归结为是他们不理解我在组织里的人力资源之外的一些角色，而不是"人力资源"这几个字本身可能就有局限。

总结、反思与质疑

从2012年5月我退出龙湖董事会一直到2017年，是我不断反思过去的经历并试图提炼出可以推广的方法论的阶段。在这段时间内，我去哈佛神学院读了两年半的书，专业方向是"宗教、伦理和政治"。回来之后，我又花了很多时间在非营利领域，观察和研究公益领域的人员及组织问题。从2016年9月在湖畔大学讲了一次课开始，我在时隔4年之后又与企业有所接触，其中包括接触了很多新经济企业及"80后"创业者。

也是在过去这两年中，我再次看到了民营企业人力资源人员及人力资源职能的普遍状态。虽然绝大部分人对人力资源管理的理论理解水平已经远非2002～2004年我做咨询的时候可比，但大多数民营企业的人力资源部仍然"被用成"了"人事行政部"，甚至是"采购及行政部"，采购点猎头服务、组织培训课程、选择年会的供应商、制作薪酬报告等。如果让我用一句话来总结民营企业的人力资源部的普遍现状，那就是：承人力资源之名，行人事行政之实，避组织建设之重。人力资源人员的感受则是"不受老板待见，天天'背锅'"。

说实话，我还是比较"痛心"人力资源职能的这种状态并"心疼"这些人力资源同人的。对于那些主动选择了人力资源这个职业的人来说，我相信其中大部分人不会满意于这种工作状态。对于那些被安排到这个职能的人来说，我估计他们大多也难以有太多的职业自豪感，想着早点跳出"火坑"。倒是对那些以"工作和生活平衡"为目的进入这一职业的人来说，他们心里反而没那么大的落差。

当然，我同样也比较同情那些老板。他们也真不知道该怎么处理这个名为"鸡腿"实为"鸡肋"的部门。很多老板都选择把这件事交给另外一个高管兼管，自己眼不见心不烦。

这种普遍的现状让我再次严肃地反思中国民营企业人力资源职能定位的问题，并且开始质疑人力资源这个职能名称的问题。到了 2018 年 2 月初，所有这些观察和反思终于凝结成了一篇 25 000 字的文章"组织创业与创作：COO & SO"。这篇文章发表在了"首席组织官"公众号上。在这篇文章里，我的核心观点是：**中国民营企业的核心任务不在于人力资源，而在于组织；其工作性质也不是管理，而是创业及创作；组织应该成为统领人员及文化的中心工作；建立组织的障碍在于首席组织官的功能缺位以及建立组织系统的能力缺失。**

"人力资源管理"是个舶来词，国内熟知的方法和理念多来自美国。但中国人力资源从业人员所面临的挑战与美国同行有根本区别。根本区别是什么呢？美国的社会及法律环境已经把"组织"这件事的边界大致划定了。美国企业在"如何组织起来"这件事上的难度远远低于中国民营企业。更具体来说，人的权利、权力制衡等不仅已经有法律保障，也已经成为集体潜意识。这些法律及社会环境对于个体企业如何组织起来有着根本性的影响。

举例来说，你想让我"996"工作？对不起，我是犹太人，从周五太阳落山到周六太阳落山是我们的安息日（Sabbath），不能工作。你强迫我工作？或者，你因为这个不录用我？你可要想好，要知道，招聘的时候如果有年龄歧视，都可能被罚几千万美元。再举例来说，允许公民持枪这件事情，对企业如何组织起来就会有根本性的影响。注意：我只是举例而不是支持持枪。

反观中国民营企业，每个企业都有个价值观独特的老板（或几个价值观多元的老板）。老板的价值观就是企业的"实际宪法"。于是，人力资源人员的首要挑战就是"立宪"和"立法"、制约老板及领导层的权力、划定企业与员工的权利边界、在领导层建立共同价值观等这些根本性的组织工作，而那些所谓的人力资源专业工作都是次级的挑战了。

另外一个导致中美人力资源同行区别的表象因素是，中国绝大部分民营企业都处于创始人阶段。美国有大量职业经理人管理的企业。美国跨国公司，即使再大，其在中国的人力资源职能做的事情也更偏执行和改进。但中国的民营企业，即使再小，其人力资源职能要做的也是总部人力资源管理，有大量的规划设计和变革工作。

这两个不同结合起来所导致的区别是根本的。如果美国的人力资源同行更多像专业人士的话，夸张地说，中国民营企业的人力资源人员就有点像"社会创业者"。

在这种情况下，我们可以回到本节的主题：对于中国的民营企业来说，"人力资源部"这个名称是不是应该改改呢？

我认为，中国的民营企业发展到现阶段，既需要也完全有条件做点"创作"。"人力资源"这个词还远远没成为不可逾越的传统。实际上，国内外很多企业都已经开始了这样的探索。谷歌叫人力运营（people operations），爱彼迎叫员工体验（employee experience）；很多中国公司也在探索，开始有"组织部"（主要是管中高层人才）等这种提法。

有人会挑战说：关键是做什么而不是部门叫什么。我原来也这么想，但是在这几年的观察、思考之后，我对这个"名"的问题有了不同认识，因为"命名即战略"。试想一下，如果这个部门叫作"组织发展部"，这个名称传递的信息与"人力资源部"给人传递的信息是不是非常不同？客户对你的理解、定位、期望会很不一样。对于选拔什么样的人担任这样一个职能部门的负责人，隐含的标准也很不一样。

举例来说，很多年轻的人力资源人员被问到"你为什么想做人力资源"这个问题的时候，其经常性的回答是：我觉得自己很善于与人打交道、沟通能力很强，所以我选择了人力资源。我着实不太欣赏这种回答，因为这严重误解了人力资源的工作性质及工作挑战。如果是问"你为什么想做组织发展的工作",他们还会这么回答吗?

"人力资源"这四个字太容易让人望文生义,让人觉得"人力资源"就是做"人"的工作。这不仅对人力资源从业者有误导,更重要的是还连带误导了创始人兼 CEO。一把手很容易把人力资源管理主要定位为一项"人才选育用留"的工作。但即使把一大群人才放在一起,也可能是个低效的组织啊!结果,创始人兼 CEO、人力资源负责人及业务高管联手"谋杀"了一项更重要的工作:"建立组织"及"管理组织能力"。"组织能力"远比"人才"丰富。机器设备、工具以及应用场景越来越多的 AI 即人工智能,都是组织能力的重要组成部分。"人才"背后的流程、机制、系统也都是组织能力的关键组成部分。

综合起来,我认为,中国民营企业的人力资源工作,更主要的是一项 to B(对群体)的工作,而不是 to C(对个体)的工作;更重要的是一项管"能力"的工作,而不是管"人才"的工作。人力资源部太容易有 to C 的误导,太容易有只重视"人才"的倾向。所以,改名之事值得尝试。

改成什么新名称及利弊分析

什么样的名称更能反映中国民营企业人力资源工作的实质呢?什么样的名称会更利于人力资源人员与客户的沟通呢?我有几个想法,抛砖引玉。

有些人建议叫组织部。好处是简单明快,有力量感。不好的地方是这个词已经明确被定义,太有权力感及政治感,不容易处理与其他部门的关系。另外,组织部自上而下的管控感很强,从员工的角度考虑不够。还有,这个名称会不会吸引很多权力欲很强的人?不过,要是与所在行业及公司文化比较匹配,也未尝不可尝试。

叫干部部?好处是指向明确。问题是权力感及政治感也很强,在读音上也不太顺口，而且它并没有改变人力资源只做"人"的工作的误导。另外，这个名称还有着强烈的"干部"与"工人"双规制的味道，与越来越平的世界如何匹配将是一个挑战，如何与世界接轨也是一个挑战。甚至，这个"干部部"还有点封建王朝里面"吏部"的感觉。此外，干部部只具有人力资源部原职责之一，人力资源部的其他职责怎么办？

"组织发展部"是另一个不错的候选，但容易让人把其和组织发展中心（OD）混淆。现在，很多民营企业的人力资源部也会下设 OD。我觉得这种结构不好。在美国企业里，OD 更多是做专业技术活的。但在中国民营企业里，这种专业技术定位事倍功半。关系必须调转过来，组织发展应该是一级职能，传统人力资源工作应该向组织发展工作汇报。

有人会觉得叫组织发展部太没"人味儿"，太倾向于公司了。这种担心有一定道理。那么就可以考虑叫"组织发展及员工体验部"，这样就比较平衡了，缺点是名称有点长。有人会更倾向于把"员工体验"放在"组织发展"之前，叫"员工体验及组织发展部"。我更倾向于"组织发展"在前，因为没有好的组织发展，就不会有好的员工体验。

直接就叫"员工体验部"怎么样？我觉得要谨慎。"员工体验"的好处在于可能更适合新生代的员工、越来越平的世界，可能会更适合一些比较"前卫"而"年轻"的公司。但你不给我干涉组织发展的责任和权力，却让我来负责员工体验，这就是目前很多人力资源成为"背锅侠"的根本原因。在组织方面还有很多硬伤的情况下，片面强调员工体验，也很容易走向治标不治本以及短期主义的误区。还有，"员工体验"算是一个比较新的词，容易让各方搞不清楚这究竟是什么。

有些公司甚至不太敢把"员工体验"这种词放进去，因为这意味着公司给了员工抱怨公司的合法性。把"员工体验"改成"员工支持"会相对弱化一点。

"员工体验"这个名称的另一个问题是它有明确的边界。那些生态型组织怎么办呢？对于类生态的企业，外部的协同会是一个关键价值点。如果太着重于边界内的员工，会有一点局限。

叫"组织发展及人力资源部"或"人力资源及组织发展部"会是一个安全的选择。这两个名称与"人力资源部"的现状会比较容易衔接，各方比较容易理解。人力资源人员会觉得不是被消灭了，而是被扩展了。对于各方来说，变革成本都低一点。如果某个企业现在就叫人事行政部，也可以考虑叫"组织人事部"。"组织人事部"这个名称强调了组织，但也容易让人产生"组织部＋人事部"的联想。这三个名称共同的问题是可能对现状妥协过多，容易导致换汤不换药。

对于组织及人才发展部、组织及文化部、组织创作部等，我们都可以尝试。但不管叫什么新名称，我都希望新的名称里能够有"组织"二字。我认为，在中国的民营企业里，创始人兼 CEO 最需要的就是能与其协力建立组织的业务伙伴。含有"组织"二字更能反映这种业务伙伴的实质。

我个人比较倾向于"组织发展及员工体验部"这个名称，但"组织发展部""组织发展及人力资源部"我也能接受。对"组织部"这个名称，我只能做到不反对。

还有另外一件值得探讨的事情。员工体验的事情由内部人员领导明显更合适。组织发展的职能有没有可能由外部力量承担？这样内部依然可以叫人力资源部。很多公司请咨询公司及咨询顾问就是想达到这个目的。如果非全职的资深顾问能以"全职员工的心态"工作，且公司也能有这样的开放边界，也不是不可能。不过，绝大部分顾问及中国民营企业还做不到这个程度。如果发生了，也是个案，短期内难以规模化复制。

实质比名称更重要

如果改成"组织发展及员工体验部"，我会建议其职能定位为"管理组织的能力、气质及员工体验，以帮助公司取得一个个阶段性的胜利"。

这个定位在我 2009 年对人力资源定位（我们管理组织的能力和气质以帮助公司取得一个个阶段性的胜利）的基础上有了重要延展："组织"除了帮助业务取得成功，还是个公共服务产品，其用户是全体成员及利益相关者，所以加上了"员工体验"。

这个名称的首要价值是它很容易回答组织中利益相关者（创始人兼CEO、高管、员工等）的核心问题：你们是负责什么的？**我们就是负责组织效能（能力、气质）及员工体验的**。每个高管都可以把自己的人员管理得不错，但整个公司可能还是个低效的组织。每个部分都有自己的气质，但整个公司可能是相互抵消的气质。公司在经济指标上可以很有竞争力，但员工的体验很一般，这种情况也容易发生。综合来讲，这个"组织发展及员工体验部"的名称平衡了各个方面的诉求，而且有独立存在的基础。

"组织发展及员工体验部"的这种定位也并不否定尤里奇的四象限模型。简单来说，组织发展就是战略伙伴+变革推动者；员工体验就是行政效率专家+员工支持者。这种名称的改变更简单地传递了人力资源人员的定位、价值及工作内容。很多优秀的公司及优秀的人力资源人员实际上已经在这么做了。这一点也很重要，因为这意味着这个名称是有实践作为基础的而不是想象出来的，不是无源之水。

有人会疑惑：你为什么老是翻来覆去提到尤里奇的四象限模型？是不是陷进去出不来了。不是的。组织这种事情，每个人都觉得自己挺懂，所以容易突发奇想就来个"颠覆式创新"。实际上，当你觉得自己在组织上进行着颠覆式创新的时候，你多半是在重复前人已经犯过的错误或是旧瓶装新酒。我们要谦卑。从人力资源部到"组织发展及员工体验部"，不是个颠覆式创新，而仅仅是个持续改进而已。四象限模型的实质仍然有很强的指导意义，很多公司的人力资源部都离这个描述还差着十万八千里。

在有了"组织发展及员工体验"这个定位之后，对人力资源人员的能力、工作内容、工作方式都会产生一些新的需求。建组织需要什么能力和心态？我总结出了三大项：**系统能力、法治精神、变革艺术**。这三个能力都是偏宏观的能力，需要更多从一些宏观学科汲取营养，比如政治学、社会学、宗教学、公共管理、系统工程学等。原来"人力资源"这个名称，比较容易引导人力资源人员去学习心理学等偏微观的学科。当然，在新的名称之下，那些偏微观的能力仍然很需要。

更具体来说，三大能力中的系统能力，即建立组织系统，将是一个核心挑战。人力资源人员尤其是人力资源一把手的工作内容必须从招聘、培训、薪酬福利、HRBP等这些"器官级"的工作升级迭代为"系统级"工作。关于组织系统的概念及有哪些组织系统，请参见本书第2章第二节"组织系统：用'系统之眼'看组织"。

在新的能力及心态要求下，短期内，很多现有人力资源人员会受到很大冲击。不过，现有典型的人力资源技能在"员工体验"这个部分仍然有很大用武之地。所以，现有人力资源人员还有一段时间去学习转变心态和提高能力。长期来说，这种变化将给人力资源人员带来更多的价值创造空间，会使更多的人力资源人员可能在公司核心决策层中占有一席之地。如果不能实现这样的升级迭代，人力资源部会越来越多地成为一个二级职能，成为一个"鸡肋"职能，成为一个老弱病残聚集地。这种事情实际已经发生很多了。

在这种新的定位之下，创始人兼CEO与人力资源人员之间的关系也要发生变化。"组织发展"这种工作是很有意思的。对于这种有意思的好事，很多创始人兼CEO不会轻易撒手。在新的定位之下，两者必须学会分享责任与权力，以组织合伙人的心态相互配合，共同实现"首席组织官"的功能，共同进行组织的创业及创作。这个"组织发展及员工体验部"的负责人如果做得好、贡献大，企业也应该考虑设置首席组织官这个岗位名称。这个首席组织官与首席运营官一样重要，而且更难培养。这样的首席组织官岗位将是首席执行官发展路径上的重要一环：很多在业务上很厉害的高管，如果能在首席组织官这个位置上再历练一下，则可能成为超强的首席执行官。

最后，我必须再次强调，不管改不改名称，改成什么名称，**实质必须重于名称**。即使沿用"人力资源部"这个名称但做了很多组织发展的事，也远比改称"组织发展及员工体验部"但不干组织发展的事好得多。不然的话，我们就是在重蹈名为"人力资源部"实为"人事行政部"的覆辙。

本节作者为房晟陶。

人才最重要？
注意不要被误导

"人才最重要"这句话对吗？否定人才的重要性肯定是不对的，但我得说这种提法很有误导性。

企业成功需要的是能为客户创造价值的组织能力。什么是组织能力？用一个简单的公式来表述：组织能力 $=f$(人才，文化，流程/机制/系统，工具/设备/AI，X)。换句话说，组织能力由五个要素决定。人才和文化这两个变量最容易理解。对于工具/设备/AI这个要素，很多人会视而不见。相对不可见的是流程/机制/系统，这个要素最能反映管理的价值。X要素给每个不同的企业留下了想象空间，每个公司可以不一样。

在组织能力的这五个要素中，人才只是之一，而且在很多时候都不是最关键的要素。

如果人才最重要，在1900年的时候，有4.5亿臣民的大清国，何以被八国联军的几万人打得很惨？不能说当时大清国那么多朝臣、子民中没有人才啊。在这个例子中，导致大清国的人才不能发挥作用的皇权专制这种"流程/机制/系统"远比人才重要。"坚船利炮"这些工具/设备也比人才更重要。

工厂里一台自动化机器设备的劳动生产率是人的无数倍。绝大多数自动化生产线工人的核心作用是协助机器设备发挥出其最大产能。在这个例子中，人服务于机器而不是机器服务于人，仅从对结果的贡献而言，生产线员工可能就不如机器设备重要。

再举一个政府组织的例子：公安部门为了抓通缉犯，经常需要一大帮人白天黑夜看监控录像。有了人脸识别的人工智能之后，他们就不需要这么辛苦了。在这个例子中，人脸识别这个 AI 要比敬业的警察有效率。

说到这里，有人会挑战说：这正是证明了发明了坚船利炮、自动化机器设备、人脸识别 AI 的人才最重要啊。我们说的是你的企业。绝大部分企业都是这些工具/设备/AI 的应用者而已。单就你的企业来说，人才比这些工具/设备/AI 更重要吗？

如果我们把"工具/设备/AI"这个要素去掉，在剩下的人才、文化、流程/机制/系统这三个要素中，人才就是最重要的要素了吗？也不一定。在组织有了一点规模之后，流程/机制/系统这个要素就至少与人才这个要素一样重要，而且，规模越大，流程/机制/系统就越重要。

我们把"工具/设备/AI"以及"流程/机制/系统"这两个要素都去掉，只剩下人才和文化，能说人才比文化更重要吗？我估计很多人也不会那么肯定吧。

综合来说，"人才最重要"这句话就是听起来挺正确，但在实践中经不起推敲的说法。它的迷惑性在于人才是唯一"活"的要素，意即所有其他变量都要由人来推动或承载，比如，系统需要人来建立，工具/设备/AI 的使用需要英明领导的决策，文化也需要通过人的行为来体现。说"人才最重要"强调的是这个特征，而不是说人才这个要素就比其他要素都重要。

当你在文化、工具/设备/AI、系统这几个组织能力要素方面做得不错的时候，你会发现，不是人才的人也变成人才了。在这种情况下说"人才最重要"，在逻辑上好像说不过去。实际上，文化、流程/机制/系统、工具/设备/AI 这几个要素虽然不是"活"的要素，但都是有"灵魂"的要素。

"人才最重要"这种说法有很强的误导性。秉承这种思路的老板，很可能没有意识到组织的重要性甚至在故意逃避建立组织的责任。一个老板体现出重视人才是比较容易的，就像战国的四公子（信陵君、平原君、春申君、孟尝君）养门客三千一样。但是有一大帮人才，也不一定就能形成有竞争力的组织。一个没有竞争力的组织里的人才能被称作真正的人才吗？我们至少要画个大大的问号吧。

此外，中国经济、社会到了目前这个发展阶段，对于一个企业来说，"人才最重要"这句话的正确性会受到进一步的挑战。

对于很多企业来说，那种在粗放式发展阶段中更容易出现的"人才红利"正在迅速衰减。这里说的是"人才红利"，不是"人口红利""流量红利"。很多人都已经意识到，人口红利、流量红利最好的时候都已经过去了，但是很少有人意识到，对于很多企业来说，人才红利的拐点也已经来到了，原因是多方面的。

第一，稍微不错的企业，都意识到人才的重要性，都比较重视人才的吸引和保留。比如，如果愿意，谁还不能像模像样地搞个校园管培生招聘及培养？谁还不敢高薪挖个人？在这种情况下，趁人不备偷袭得手的做法越来越不容易实现，一般都是互有胜负（即你挖我四个，我挖你三个）；或者你只能先行半步，很快就会被跟上。

第二，获取人才的性价比降低，负面效应加大。这些人在原公司都已经是被拔苗助长地用了，被挖到你这里来还要再升一级、工资翻倍，胜任的概率有多大？外来的"和尚"导致组织现有成员不满意、不平衡的情况越来越普遍，引发原有人员流失，总账算下来经常得不偿失。

第三，人才来了，没有好的组织环境，人才的效力也根本发挥不出来。到最后，老板只是收藏了人才而已。可是人才不是文物，人才是一段时间不用就会贬值的。这真是损人不利己。

第四，现在的市场上有无数理想高远的企业家及创业者。这些理想加在一起，已经超过了整个市场以及整个教育体系的人才涵养能力。换句话说，在人才竞争中，从个体企业角度看，永远都会有做得更好的。但从整体来说，在蛋糕未扩大但"梦想"总和大幅提高了的情况下，人才红利的边际效应总体上一定会递减。

最后，还得加上一点。市场好的时候、资本充足的时候，所有人都更容易成为人才。在困难时期，对人才的能力要求指数级上升，能经得起困难情况考验的人才的数量会指数级下降。这个困难的形势会使人才红利进一步下降。

在这种情况下，如果一个企业仍然还仅盯着人才，可能已经又先输了一招。有眼光的企业家，要抓住"组织能力"这个视角，更多投资于组织。投资于组织能力不会像招募人才那样很快就有可见的成果，但一旦成功，组织红利会更持久，组织竞争力会更难以被复制。当然，最理想的当然是"两手都要抓，两手都要硬"。但以哪个为主？我的立场很明确：以投资于组织能力为主线；能发展组织的人才才是一流人才；人才红利正在迅速衰减，组织红利是新的竞技场。

为避免走极端和误导，我还得修正一下：也有很多人才比组织更重要的情况。比如，企业家这类人才确实比组织重要，因为正是企业家（以及有企业家精神的职业经理人）创造了成就人才的组织。又比如，在行业发展初期或企业发展初期阶段，经常会有比较高的人才红利。还有，对于高劳动生产率的精英型小组织来说，人才红利会一直比较重要。

本节作者为房晟陶。

没有组织思想和组织方法论，
业务高管来管 HR 也会"命运多舛"

这里所说的"业务高管"只是个粗略讲法，更准确地讲应该是非 HR 背景的高管，包括业务以及其他职能（比如战略、运营、法律、财务等）。

很多企业会选择让非 HR 出身的高管转岗做 HR，或者兼管 HR。这种做法已经不是什么新闻。这么做的原因有多种：内部培养不起来可以做 HR 一把手的人；外部引入的 HR 一把手经常折戟沉沙；把 HR 一把手岗位作为培养人的一个轮岗岗位；现有 HR 一把手在基本面上做得还可以，但缺乏战略视角及系统能力，难以与创始人兼 CEO 同频；某个"老同志"或"特殊同志"没有合适的岗位安排；现有 HR 负责人太年轻；创始人兼 CEO 要管的人太多，想减少直接汇报对象等。

业务高管来做 HR 或者兼管 HR 的劣势显而易见：对 HR 这件事不一定有兴趣，有很多是被赶鸭子上架，因而学习意愿不太强，对 HR 工作容易持过客心态；没有长期的实操经验，缺乏专业性和手感，容易低估这项工作的难度，也难以给 HR 下属提供具体的指导；容易惯性地用适合原来那个业务的方式来管理 HR 这个新职责；有些被调来的"老同志"的学习能力退化、心态不够开放；如果在公司内服务时间比较长，在组织方面很容易缺乏外部视角；如果是兼管，难以全职投入 HR 这个非常耗时的职能；难以吸引高能级的 HR 人员（高能级的 HR 人员一般会更愿意向 CEO 直接汇报工作）等。

业务高管来管 HR 也有一些可能的、因人而异的优势：他们可能与创始人兼 CEO 有过较长时间的合作关系，因而更了解创始人兼 CEO，甚至可以更有效地影响创始人兼 CEO；他们可能已经是"常委会"的一员，在公司内已经有广泛的威信和影响力（当然，很多时候，创始人兼 CEO 顶多调一个"委员"而不是"常委"来干这件事。如果是这样，"委员"级的影响力对这项工作的帮助也极其有限）；他们对于 HR 应该干什么、不应该干什么没有思维定式；他们曾经管过某部分业务，对公司业务可能有更深入的了解；如果他们在公司内服务的时间比较长且有过历史业绩，心理上更容易有安全感，不会担心"被炒掉"等。

在这些优势中，前几个都因人而异，可以称得上是普遍优势的是如下几个：①对于 HR 应该干什么、不应该干什么没有思维定式；②对公司更了解；③心理安全感更强。其中第②③点，对比一个外招、空降的专业 HR 高管来说会是一个巨大的优势。

不过，我认为"对公司更了解""心理安全感更强"这两个优势只是给了这个业务高管多一点时间而已。这两点并不能确保这个高管就能增加价值、改变现状。

决定这个来管 HR 的业务高管成功与否的，还是其对自身角色的定位以及因此而决定做什么不同的事。

一个业务高管来管 HR，如果直接就接受 HR 应该做那些六模块、三支柱工作是非常可惜的。这种做法完全没有重新定义任务和价值，也没有扬长避短。如果创始人兼 CEO 在调派的时候也这么期望，这种安排要么就是个饮鸩止渴的短期行为，要么就是个自欺欺人的鸵鸟战术。过个一年半载，这些业务高管 HR 的命运不会比那些专业 HR 高管好多少，顶多也就是因为自己资格老而不会被辞退。最后，这种安排可能是赔了夫人又折兵：少了一个不错的业务高管，HR 这个职能也做不起来，管 HR 的这个业务高管也逐渐充满了怨气。

不管是什么出身（HR 还是非 HR），如何定义自己的角色和任务都是个关键问题。在这一点上，一个非 HR 出身的高管应该充分利用"对于 HR 应该干什么、不应该干什么没有思维定式"这个优势。一个专业出身的 HR 很容易陷入自己的思维定式、自说自话，认为 HR 就是应该用三支柱的方法做那些六模块的事情，然后有任何问题就都是老板的问题、公司的问题。

如何定义自己的角色、任务呢？要回答这个问题，必须要有组织思想及组织方法论。

什么是组织思想及组织方法论？下面我抛砖引玉，介绍一下我们的组织思想和组织方法论。组织思想要回答的问题是：**什么是企业组织？**

我们会从四个角度去定义企业组织：政治角度（组织是权力关系及强制）、经济角度（组织是增值及效率）、社会角度（组织是个故事及信仰）、工程角度（组织是个系统集成）。综合来说，我对"企业组织"的定义是：为实现特定目的而**人为创建的社会系统**。这个定义强调了组织的社会性、组织的工程性（人为+系统），也涉及了一点组织的政治性（人为）。这个框架没有特别强调组织的经济性，因为这是每个企业都不大容易忽略的。政治性，在我们的文化环境下，也是不容易被忽视的。组织的社会性、工程性、政治性这几个方面不太受企业所处行业的影响。

组织方法论要回答的是：**如何建立或迭代一个企业组织？**

我们的核心方法论就是"组织创业及创作"。图 2-1 就是"建立或迭代组织的方法论"的示意图。这个图由六个部分组成：首席组织官（COO）、组织模型、组织系统、组织策略、创业精神及创作能力、变革艺术。这六个方面都是"组织创业及创作"需要做的关键事情。

简单而言，这是个关于"建立或迭代组织的方法论"，而不是关于组织管理或者组织发展的技巧。这个方法论认为"建立或迭代组织"首先是一项关于"创业及创作"的工作，而不仅是一项专业工作。这个方法论更适合于需要实现"从团伙到组织的蜕变"或者"升级迭代"的民营企业，而不适合那些组织已经非常成熟，只需要不时维护保养的情况。

在这个"建立或迭代组织的方法论"里，人力资源这个职能体现在哪里呢？

人力资源的大部分工作，如招聘、培训发展、薪酬福利、绩效管理、员工关系基本都在"组织系统"这个柱子里，但这些模块本身并不能构成独立的系统，它们只是系统的一部分。比如，招聘、培训发展就是"人才选育用留系统"的要素/部件，或者说是"器官"，只靠招聘、培训发展这两个关键要素/部件根本实现不了"人才选育用留系统"的功能及目标。

同时，一个企业有很多组织系统，很多其他重要的组织系统都是传统的人力资源模块工作难以深入涉及的。这些重要的组织系统包括战略协同系统、组织结构及决策系统、组织进化更新系统、信息及数据系统、知识进步及技术创新系统等。好的企业会设置"组织发展"这个模块，意图也是想在这些系统方面做出贡献，但做得好的"组织发展"还比较少见。关于组织系统及不同组织系统的功能及目标，请参见本书第2章第二节"组织系统：用'系统之眼'看组织"。

如果人力资源只能在小部分组织系统方面做出点状的、"器官"级的贡献，则人力资源职能对于"建立或迭代组织"这件刚需大事的贡献非常有限。换句话说，人力资源的那些传统工作任务支撑不起来一个真正的职能。

要真正成为一个重要的职能，人力资源部以及人力资源一把手必须实质性地贡献于"建立或迭代组织"这个企业不可或缺的功能。要贡献于"建立或迭代组织"这个功能，人力资源人员必须具有组织思想及组织方法论：关于一帮人如何才能高效地组织起来的思想及方法论。有了组织思想和组织方法论，才更可能有来自思想、价值观、情感、专业的影响力。影响谁呢？创始人兼CEO、核心领导团队、广大员工以及人力资源团队。

具体来说，影响力体现在以下这些方面。

- 能否理解、外化、影响创始人兼 CEO 的价值观及组织想象？
- 能否理解、影响、协调领导团队成员的价值观及组织想象的不同及冲突？
- 能否从创始人兼 CEO 那里获得一部分"思想权"的让渡？
- 能否让核心领导团队成员愿意让渡一部分"组织权"？
- 能否与创始人兼 CEO 及其他核心领导团队成员形成伙伴关系，共同制定组织策略？
- 能否具备"立法"的能力及"司法"的威信？
- 能否既得到领导团队的信任也得到员工群体的信任？
- 能否在变革中起到中流砥柱的作用？
- 能否激发中高层人员的组织创业精神以及创作能力？

当然，所有这些影响力的基础都是人力资源人员本身的创业精神及创作能力，以及人力资源人员本身的价值观及组织想象。这两点也是对人力资源人员的最大挑战。偏偏在这两点上，人力资源专业出身的人，在很多情况下，都没有优势。

这也可以部分解释为什么很多企业都把一些业务高管调来做 HR 或者兼管 HR。

如果以这个"建立或迭代组织的方法论"为衡量方式的话，一个业务高管出身的人来参与"建立或迭代组织"这件事，对比一个专业出身的 HR，在不同要素上各有优劣势。具体来说：

- 在"创业精神和创作能力"这个要素上，业务高管出身的人经常是有优势的。这一点经常是专业出身的 HR 的致命弱点。专业 HR 更容易自我定位为"专业人士"而不是创业人员。

- 如果一个业务高管曾经在其所辖的业务领域中建立或迭代过系统，则这个业务高管的"系统能力"是可以移植到"组织系统"这个要素的。

- 如果一个业务高管曾经负责过其所辖业务的竞争策略、运营策略，则这个业务高管在"策略"上很可能是有感觉和经验的。再加上这个业务高管对公司业务本身的了解可能更多更深，在"组织策略"这个要素上，这个业务高管是可能有优势的。

- 如果这个业务高管曾经管理过一个大的组织，那么他对于管理变革一定有经验及体会。人力资源职能一般人比较少，所以在实际管理文化及变革这些方面的强度一般不如一个业务高管。但是，专业出身的 HR 一般在变革管理的理念上更重视、更尊重变革管理的基本套路。

- 在组织系统这个要素上，专业出身的 HR 在几个组织系统（如人才选育用留系统、全面回报系统、绩效管理系统等）的"器官"层面是有优势的（比如如何进行招聘甄选、如何开发课程、如何设计薪酬结构等）。但在另外一些同等重要的组织系统上，比如战略协同系统、组织结构及决策系统、组织进化更新系统、信息及数据系统、知识进步及技术创新系统等，业务高管至少没有劣势。

- 在组织模型这个要素上，一个专业出身的 HR 一般会有一点优势，因为在他们长期的 HR 工作经验中，更容易接触到这些。但如果这个公司已经有了选定的组织模型并广泛应用，则业务高管在这个维度上的劣势会被抹平。

- 在价值观和组织想象上，业务高管普遍来说对价值观没有专业出身的 HR 敏感，但相对来说更容易平衡价值观和业务结果。如果业务高管只是善于听命于创始人兼 CEO，则在价值观方面，业务高管可能有致命的劣势。另外，无论是业务出身还是 HR 出身，价值观这件事情还是比较个人化的。谁能更有思想、价值观、情感方面的影响力，主要看个人的长期积累，与其是业务出身还是专业 HR 出身并没有必然联系。

- 在首席组织官这个维度上，两者就更各有千秋了。这一点是非常因人而异的，同时也非常依赖于创始人兼 CEO 是什么样的人，跟谁更能对上眼。能否理解、外化、影响创始人兼 CEO 的价值观及组织想象？能否理解、影响、协调领导团队成员的价值观及组织想象的不同及冲突？能否让核心领导团队成员愿意让渡一部分"组织权"？能否从创始人兼 CEO 那里获得一部分"思想权"的让渡？在这些问题上，无论是专业出身的 HR 还是业务高管，谁都没有天然的优势。

综合来说，一个业务高管转岗来管 HR，如果能把自己的角色置于"建立或迭代组织"这个定位下，完全没有劣势，甚至是有优势的。但是，如果这个业务高管只把自己的角色定位为做 HR，也就是只着重于少数几个组织系统（人才选育用留、绩效管理、全面薪酬等）的"器官"级工作，凭着自己"对公司比较了解""有心理安全感"的优势来做那些事情，那么用不了多长时间，原来那个专业出身的 HR 所面临的各种"命运多舛"也都会降临到这个从业务高管转岗来做 HR 的人身上。

从策略上来说，一个业务高管转岗来做 HR 或者管 HR 必须首先通过做不同的事情来立足，而不是想着做同样的事情但要比原来的 HR 做得好。如果这么想，也是对 HR 专业性的轻视：人家已经积累了那么多年，你半年之后就能比人家做得好？

没有组织思想及组织方法论，业务高管来管 HR 也会"命运多舛"。这个现象也反映了组织作为一个复杂、有机的系统的特点；在部件和"器官"层面上，你可以很快做出很多改变（比如，让一个业务高管来管 HR），感觉上非常动态；但是宏观上这个系统会非常稳定。没有重新定位角色、任务，只是换一下负责人，难以改变一个系统的功能和状态。这一点也是创始人兼 CEO 必须理解的，不然，在他调派一个业务高管去管 HR 的时候，会产生错误的期望甚至幻想，当幻想破灭的时候也容易受伤。创始人兼 CEO 自己在"组织思想及组织方法论"上不学无术的话，那很容易赔了夫人又折兵。

本节作者为房晟陶。

后记

一群各有毛病的人，有可能建立美好组织吗

本书以相对乐观、理想、理性、工程的视角探讨了"组织""美好组织""如何建立组织"这些议题（主要是企业组织）。

但是，一群各有毛病的人，有可能建立美好组织吗？

对于这个问题，回答"肯定可能"的人，倾向于是理想主义者。

回答"不可能"的人，倾向于是现实主义者。

理想主义者一般会指责现实主义者缺乏改变现实的勇气、玩世不恭、自私自利。

现实主义者一般会嘲笑理想主义者缺乏面对现实的勇气、适得其反、狂妄自大。

在现实中，确实没有多少组织称得上"美好组织"。曾经红极一时的"美好组织"，很少能够持续美好，更多的是已经"泯然众人"。

但是，确实有一批又一批的"美好组织"不断撩动我们的心弦，不断更新着"美好"的标准。更让人振奋的是，创造了这些"美好组织"的人，也都是各有毛病的普通人。

对于"组织"这件事，我们应该做个幼稚的理想主义者，还是应该做个成熟的现实主义者？

我们应该相信什么？

唯一可以相信的是，不管是理想主义者，还是现实主义者，他们都难以割舍心中"对美好组织的向往"。

为什么难以割舍？

因为没有美好组织，就不会有真正的、广泛的个人自由与尊严，也不会有集体及社会的持久强大。

谁来领导"建立美好组织"这样的艰巨工作？

每个美好组织的背后，都需要既理想又现实的"首席组织官"。这也是本书定名为《首席组织官：从团队到组织的蜕变》的原因。

我们希望本书所探讨的内容对组织领导者、组织专业工作者有所启发。